Annie Do

Novembre 1994

LES GRANDS BESOINS

BESOINS

DES TOUT-PETITS

LES GRANDS
BESOINS

DES TOUT-PETITS

Vivre en harmonie avec les enfants de 0 à 6 ans

GERMAIN DUCLOS

DANIELLE LAPORTE

JACQUES ROSS

Les éditions Héritage inc.

Données de catalogage avant publication (Canada)

Duclos, Germain
Laporte, Danielle
Ross, Jacques

Les grands besoins des tout-petits: Vivre en harmonie
avec les enfants de 0 à 6 ans

ISBN: 2-7625-7473-0

1. Éducation des enfants. 2. Enfants - Psychologie.
3. Enfants - Développement. 4. Parents et enfants. I. Laporte,
Danielle. II. Ross, Jacques. III. Titre.

HQ769.D82 1993   649'.1   C93-097378-X

Conception graphique de la couverture: Dufour et Fille
Photographie de la couverture: Sylvie Villeger / Publiphoto
Infographie: Deval Studio Litho Inc.
Révision linguistique: Luc Bégin
Directrice de la collection: Lucie Côté

Dépôts légaux: 1er trimestre 1994
Bibliothèque nationale du Québec
Bibliothèque nationale du Canada

ISBN: 2-7625-7473-0

Imprimé au Canada

LES ÉDITIONS HÉRITAGE INC.
300, rue Arran, Saint-Lambert (Québec) J4R 1K5
Tél.: (514) 875-0327

Nous tenons à remercier Luc Bégin pour sa patience, son sens de l'organisation et sa façon bien à lui de toujours trouver le mot juste. Sans lui, ce livre n'aurait certainement pas été tout à fait le même. Nous voulons remercier aussi Colette Thibaudeau dont les critiques et les encouragements nous ont guidés et soutenus constamment, Lucie Côté qui a cru en nous et tous les amis du restaurant « La Jasette » qui, lors de nos déjeuners causeries du dimanche matin, ont alimenté nos échanges au sujet des enfants tout en nous comblant de leur espoir en la vie.

Germain   Duclos
Danielle Laporte
Jacques Ross

TABLE DES MATIÈRES

INTRODUCTION

Nous vivons à une époque de grands bouleversements et la famille n'échappe pas au vent du changement. Près de la moitié des couples se séparent avant que les enfants ne quittent la maison, le nombre de familles monoparentales dirigées par la mère augmente sans cesse et les formules de garde se multiplient. Il n'est pas rare qu'un enfant vive plusieurs «types» de famille pendant les premières années de sa vie: famille traditionnelle, famille mono-parentale, famille recomposée. Il est donc fréquent qu'il connaisse, par le fait même, plusieurs ruptures dans ses relations.

Les enfants, de nos jours, s'intègrent très tôt à la société puisque près de 61 p. cent des mères de jeunes enfants sont sur le marché du travail. Cette situation fait en sorte qu'un plus grand nombre d'adultes sont en rela-tion avec la famille et l'influencent directement ou indi-rectement. De plus, la société, par le truchement de la radio, de la télévision, de la publicité, des revues et des journaux, transmet une masse d'informations, plus ou moins pertinentes et parfois même contradictoires, qui ont un impact certain sur l'éducation des enfants.

Culpabilité et inquiétude sont le lot quotidien de nombre de parents qui se demandent s'il est encore possible d'être un «bon parent» dans un contexte qui est si différent de celui qu'ils ont connu dans leur enfance. Ils souhaiteraient certainement se rallier à un modèle clair qui leur éviterait de vivre tous ces doutes qui font partie de l'éducation des petits!

Mais les enfants, eux, même si «les temps changent», ont toujours les mêmes besoins et leur développement se fait toujours par stades successifs, par petites régressions temporaires, par crises et par ajustements constants aux personnes et aux contextes de vie.

Avec ce livre, le premier d'une série de trois, nous tentons d'aborder la question du développement de l'enfant dans une perspective nouvelle. Nous souhaitons vous aider à passer **de la théorie à la pratique** puisqu'il n'est pas suffisant de savoir ni de parler de son savoir! Il faut essayer de faire certains changements réels, même petits et partiels, et accepter de réfléchir sur soi si l'on veut vivre en harmonie avec ses enfants. Aussi, ce livre sollicite-t-il votre participation active par une description des enjeux et des besoins de chaque âge, par des exercices pratiques, par des questionnaires d'auto-évaluation de même que par des réflexions personnelles.

La compétence parentale se développe au fil des jours mais n'est jamais acquise pour toujours. Les parents, comme des funambules sur un fil de fer, cherchent sans cesse à rétablir l'équilibre qui leur permet d'avancer sur le chemin du bonheur. Le tout-petit est d'abord accroché à leur dos mais il voudra bien vite avancer seul sur le fil. Il aura cependant grand besoin d'être guidé de la voix et du geste par des parents qui désirent plus que tout au monde qu'il trouve son « équilibre » personnel.

Ce livre veut vous guider et vous accompagner dans vos réflexions. Relisez-le fréquemment, faites et refaites les exercices et les questionnaires d'évaluation qu'il contient et discutez-en avec vos amis, votre famille et les personnes en qui vous avez confiance.

Ce livre s'adresse aux parents biologiques de même qu'aux parents « psychologiques » ou « sociologiques ». En effet, il a été conçu et rédigé pour tous ceux et celles qui veulent développer une meilleure relation avec l'enfant de 0 à 6 ans et le guider dans son développement. Nous avons voulu qu'il soit un compagnon de route pour les parents biologiques, le parent seul, le conjoint ou la conjointe du parent biologique de même que pour les éducateurs et éducatrices. Afin de simplifier les exercices, nous utilisons les termes « père » et « mère » mais cet usage n'est évidemment pas restrictif[1].

Il est possible, de nos jours, d'être un « parent guide » et de favoriser l'épanouissement de son enfant quel que soit le type de famille que nous formons. Il est vrai que les circonstances difficiles de la vie peuvent augmenter notre stress et nous éloigner temporairement de nos principes éducatifs. Mais nous pouvons également profiter de ces circonstances pour « grandir » et pour améliorer progressivement nos relations avec les enfants. Nous souhaitons que ce livre favorise un tel cheminement.

---

1. De plus, nous tenons à souligner que les abréviations **M**, **P** et **E** qu'on retrouve dans les exercices signifient respectivement *mère*, *père* et *enfant*.

I

L'ÂGE
DE LA CONFIANCE

de la naissance à 9 mois

1

Les enjeux

Pour la suite du monde

La reproduction, l'enfantement et les soins à donner aux enfants sont, depuis les temps les plus reculés, des préoccupations qui nourrissent les mœurs, les rituels et la culture des peuples. En effet, les sociétés considèrent depuis toujours que l'enfance est leur richesse la plus précieuse et la seule qui soit garante de l'avenir. Elle occupe une grande place dans la mythologie, le folklore et les traditions qui peuplent l'inconscient collectif de l'humanité moderne.

Chaque être humain est porteur de cet inconscient collectif qui pousse à donner naissance à un enfant. Et chaque fois qu'un être humain décide de mettre un enfant au monde, il inscrit son projet de vie et son projet éducatif dans sa propre histoire et dans celle de la société à laquelle il appartient. Le projet d'enfanter se situe dans un continuum historique et il est porteur d'espoirs et d'un souci de réalisation personnelle.

L'enfant rêvé

Durant la grossesse, l'attente du bébé est jalonnée de désirs, de craintes et de fantasmes autant chez le père que chez la mère. Chacun des futurs parents a une perception anticipée du futur bébé. «Il sera beau, souriant, intelligent et sociable. Tout le monde l'aimera et j'en éprouverai de la fierté.» L'image qu'on se fait de l'enfant à naître est propre à chacun. Elle est parfois la projection de l'enfant qu'on aurait voulu être ou le désir de réparer sa propre enfance. Il arrive aussi que le parent désire que son enfant soit doté des qualités physiques, intellectuelles et sociales qui le valorisent lui-même. Tous ces désirs qu'on projette sur le bébé à venir prennent la forme d'un enfant rêvé.

Chacun des parents ressent aussi des craintes durant la grossesse. «Est-ce que mon bébé sera en santé? Sera-t-il normal physiquement et mentalement? Est-ce que je serai capable d'en prendre soin adéquatement? La venue de l'enfant brisera-t-elle l'harmonie de mon couple? Est-ce que mes nouvelles obligations parentales perturberont ma carrière ou mes activités professionnelles?» Il y a des parents qui vivent la grossesse dans un climat de stress et d'insécurité à cause des conditions physiques, financières et affectives dans lesquelles ils se trouvent.

Les enfants ne viennent pas tous au monde dans le même climat de préparation et d'accueil même si chaque enfant est attendu avec un mélange de désirs et de craintes. L'intensité et la fréquence de ces sentiments sont, en effet, propres à chaque parent et tributaires de la personnalité de chacun, de son histoire personnelle et de ses conditions de vie.

L'enfant réel

Enfin, le vrai bébé vient au monde, poussé par une extraordinaire énergie vitale. Enfin, le vrai bébé ! On peut le voir, le toucher et le prendre dans ses bras. Le premier contact visuel et tactile est chargé d'une émotion qui envahit tant le cœur que le corps. Ces émotions de joie et de ravissement sont d'une intensité unique. La première perception visuelle que la mère a de son bébé de même que le premier cri de l'enfant sont imprimés pour toujours dans sa mémoire. Elle regarde son tout-petit comme aucune autre personne ne peut le faire. C'est un regard unique parce que, dès cet instant, la relation qui s'amorce est unique. Cette première intuition des besoins du bébé, qui est à la fois subliminale et consciente, apparaît également chez le père qui est envahi par des sentiments de joie et de fierté.

Les réactions de la famille élargie (grands-parents, tantes, oncles, etc.) et des amis ont beaucoup d'importance pour les parents. Elles rassurent et valorisent. Ces proches jouent un rôle de témoins et de juges des caractéristiques physiques de l'enfant qui sont des preuves de son appartenance à la famille. Le nouveau-né symbolise pour tous la continuité familiale.

La rencontre

De tous les mammifères, le bébé humain est le plus vulnérable et le plus dépendant de l'entourage. Il vient au monde avec un rythme biologique, un rythme de développement et un tempérament qui lui sont propres et qui sont héréditairement prédéterminés. Durant les premières semaines, le rythme biologique du bébé prédomine. Il vit des cycles de faim, de tension physique, de satisfaction globale et de détente. L'attention des deux parents est centrée sur les besoins physiques du nouveau-né. Il est surprenant qu'un si petit être occupe une si grande place dans la maison. Graduellement, les parents en viennent à décoder les besoins du bébé et à connaître son rythme. Les parents répondent aux besoins de l'enfant qui, à son tour, répond à certains des leurs. Il est très important que chaque parent puisse donc satisfaire ses besoins personnels même au cours de cette période de grande dépendance du bébé. Chacun ne sera que plus apte à jouer son rôle auprès de l'enfant.

L'éducation nécessite des ajustements réciproques entre l'enfant et ceux qui en prennent soin. Les parents adoptent graduellement des routines dans les soins qu'ils prodiguent au bébé et font en sorte que ce dernier en vienne à s'ajuster peu à peu au rythme qu'ils choisissent. Le rythme biologique du tout-petit se transforme alors en un rythme qui s'harmonise à la vie sociale et qui répond davantage aux besoins des parents.

Si le nourrisson vit avec régularité les routines que sont les boires, les changements de couches, les bains et les périodes de sommeil, il en vient graduellement à se construire un rythme psychologique. Pour son développement, le bébé a besoin de vivre une continuité dans le temps qui prend la forme d'une succession régulière dans les soins qu'on lui prodigue. Il a également besoin d'une stabilité dans l'espace, c'est-à-dire de vivre jour après jour dans des endroits connus. C'est ainsi qu'il en vient, par conditionnement, à reconnaître des tableaux visuospatiaux stables qui sont associés à des satisfactions et à y réagir. Après quelques semaines, le bébé réagit par le sourire ou par des éclats de rire lorsqu'il aperçoit le visage humain qu'il associe au plaisir. C'est la première action sociale du bébé.

Un tout-petit a grand besoin d'avoir de nombreuses stimulations sensorielles. Il est important qu'on lui parle, qu'on chante en sa présence et qu'on le promène dans les diverses pièces de la maison et à l'extérieur afin qu'il puisse s'imprégner de divers stimuli visuels: ombre et lumière, couleurs et formes différentes, etc. Il a besoin qu'on le caresse, qu'on le serre dans nos bras et qu'on le réchauffe à notre chaleur corporelle. Il a besoin d'être embrassé sur toutes les parties de son corps et d'être bercé.

L'attachement

Il arrive un moment où le tout-petit et ses parents «tombent en amour». L'enfant, grâce aux soins réguliers et aux multiples stimulations qu'il reçoit, et les parents, grâce au plaisir et aux satisfactions qu'ils ressentent, vivent un amour fou. Leurs contacts sont dorénavant marqués par un profond et indélébile attachement qui devient la nourriture psychique dont l'enfant va se nourrir toute sa vie.

Grâce à la stabilité que représentent ses parents, l'enfant en arrive bientôt à reconnaître d'autres personnes qui lui sont familières et qui sont elles aussi sources de plaisir. Le bébé commence à tisser des liens affectifs avec d'autres personnes de son entourage, que ce soit des frères, des sœurs ou la gardienne. Il s'ouvre à la socialisation.

La mutualité s'installe entre l'enfant et ses parents grâce à des ajustements réciproques et dans un contexte de continuité dans le temps et de stabilité dans l'espace. L'enfant trouve régulièrement une satisfaction à ses besoins et il est amené à vivre un état de bien-être et à percevoir ses parents comme des objets de plaisir et de sécurité. Il est important de souligner ici que la sécurité est une attitude qui se transmet et que les parents doivent vivre dans des conditions physiques, relationnelles et affectives qui sont également rassurantes. Ce n'est qu'en ressentant eux-mêmes la sécurité qu'ils peuvent décoder les besoins du petit et lui transmettre ce sentiment de bien-être.

La relation privilégiée mère-enfant domine cette première période de la vie humaine. C'est cette relation qui, de la naissance à 9 mois, alimente à la fois le corps et le cœur de l'enfant et qui lui permet de construire les premiers rudiments de la confiance en soi et en l'autre.

Cette attitude de confiance se manifeste d'abord chez le nourrisson par des choses toutes simples : une alimentation facile, un sommeil de qualité et un bon fonctionnement de ses intestins. Cela se produit au terme d'ajustements réciproques et de mutualité entre l'enfant et son pourvoyeur. Le tout-petit exprime ainsi sa capacité de recevoir et le parent, sa capacité de donner.

Cette adéquation entre les besoins de l'un et les réponses de l'autre crée chez l'enfant un sentiment profond de sécurité qui est essentiel à la poursuite de son développement physique et à l'évolution de toutes ses potentialités.

L'expérience de la sécurité et du bien-être physique et affectif doit être assez longue et stable pour que l'enfant puisse l'intérioriser de façon durable. Sinon, il risque de se replier sur lui-même, de s'isoler et de devenir méfiant face à des adultes inadéquats; son désir de s'ouvrir, de recevoir et d'accepter risque de se transformer peu à peu en un refus d'être nourri par son environnement tant sur le plan affectif que physique.

Ressentant sécurité intérieure et bien-être physique, l'enfant se construit une image maternelle qui est sa toute première relation affective à l'univers et son premier contact avec la société. Son évolution personnelle en dépend en grande partie.

2

L'enfant rêvé

L'attente : la grossesse

La grossesse est une période de magie et d'angoisse au cours de laquelle la femme vit dans son corps une expérience unique qui la met en contact, en grande partie inconsciemment, avec la maternité de toutes les femmes de toutes les époques. C'est un *moment clé* pendant lequel les femmes doivent essayer de faire la paix avec leur passé pour y puiser soutien et ressourcement et pour y chercher des modèles au moins partiels. Il n'en va pas autrement pour les hommes.

Cette période est un *moment roman* où l'on se représente l'enfant à venir. Il sera beau et intelligent ! Il aura toutes les qualités du père et de la mère sans en avoir les défauts. Mais on s'inquiète parfois de sa santé physique et mentale et l'on cherche à mettre de côté ses peurs... qui reviennent au galop. Rêves et cauchemars nous rappellent souvent que le « grand dérangement » est commencé.

La grossesse est une période durant laquelle on réfléchit en images. En effet, on « voit » dans sa tête, on « pense » avec son cœur, on soupèse encore une fois le pour et le contre et on se demande, tout à coup, si on a bien fait de courir le risque de faire un enfant. C'est aussi le moment magique des attentes merveilleuses. On s'imagine bonne mère, bon père, évitant les attitudes et les comportements qui nous ont blessés alors que nous étions enfants. C'est le moment où l'on prend de bonnes résolutions !

Il s'en passe des choses durant cette période ! On est aux aguets, on regarde les enfants d'un autre œil, on scrute le comportement des jeunes parents, on les critique, on se jure d'être à l'écoute, de dialoguer, d'éviter les conflits et de faire en sorte que notre enfant soit heureux avec nous et grâce à nous.

C'est le temps où les souvenirs d'enfance, anodins ou importants, remontent à la surface. On redevient un peu « enfant » et les besoins émergent. Durant cette période, le futur papa s'inquiète de ses responsabilités et la future maman voit, non sans inquiétude et angoisse, son corps se transformer. Une vie bouge et remue en elle !

Et il n'y a pas de mots pour décrire l'instant des premiers mouvements du bébé dans le ventre de la mère ni celui où les parents entendent pour la première fois le battement du cœur de cet être qu'ils devinent sans le connaître.

La grossesse est aussi un *moment caresse* pendant lequel on construit le nid, on choisit les meubles de la chambre d'enfant, on achète les premiers objets intimes et les premiers toutous. Il arrive qu'un sentiment d'euphorie prenne toute la place et que les tracas s'envolent. Il arrive aussi qu'on soit envahi par des sentiments mêlés et contradictoires. Par exemple, l'homme, sans en parler la plupart du temps, s'inquiète déjà de la place que prendra l'enfant auprès de sa compagne et il doit se préparer intérieurement à partager.

La situation des parents au moment de la grossesse

L'attente se fait dans des conditions qui varient selon chacun et qui ont trait à la situation émotive, financière et sociale dans laquelle se trouvent les parents. Chacun d'eux a son passé, une situation qui lui est particulière, sa propre dynamique et ses propres désirs envers l'enfant à naître.

Exercice n° 1:
Les parents et leurs conditions de vie

Cet exercice a tout simplement pour but de « nommer » l'expérience vécue au moment de la grossesse; il ne s'agit pas de se comparer à des parents qui seraient dans une situation parfaite. Il ne faut pas oublier que la relation à l'enfant se construit tout le long de la vie.

- Caractérisez la situation dans laquelle vous vous trouviez au moment de la grossesse.

	Difficile	Acceptable	Bonne	Excellente
Mère				
physique	☐	☐	☐	☐
affective	☐	☐	☐	☐
de couple	☐	☐	☐	☐
financière	☐	☐	☐	☐

(suite)	Difficile	Acceptable	Bonne	Excellente
Père				
physique	☐	☐	☐	☐
affective	☐	☐	☐	☐
de couple	☐	☐	☐	☐
financière	☐	☐	☐	☐

Les désirs

Même si l'on désire vraiment un enfant, il est tout à fait normal de vivre des sentiments ambivalents à l'annonce d'une grossesse. Il n'y a donc pas de honte à laisser émerger nos pensées secrètes ; au contraire, la conscience de ses propres désirs permet à chacun de faire un cheminement intérieur et d'accepter mieux l'enfant réel qui s'en vient.

Exercice n° 2 :
Les parents et leurs désirs

Dans un premier temps, faites l'exercice individuellement, puis échangez avec votre partenaire.

- Quand avez-vous ressenti pour la première fois le désir d'avoir un enfant ?

- Quelle a été votre première réaction à l'annonce de la grossesse ?

- En début de grossesse, avez-vous douté de votre décision d'avoir un enfant ?

- À quel moment avez-vous senti que vous étiez engagé(e) dans l'expérience de la grossesse (maternité et paternité) ?

- Désiriez-vous avoir un garçon ?

Pourquoi?

- Désiriez-vous avoir une fille?

Pourquoi?

- Lors des échographies, désiriez-vous connaître le sexe de votre enfant?

Pourquoi?

- Vous êtes-vous représenté physiquement votre enfant pendant la grossesse? Faites-en le portrait.

- Avez-vous imaginé son tempérament? Décrivez-le:

- Désiriez-vous que l'enfant vous ressemble?

- Désiriez-vous qu'il soit différent de vous?

- Désiriez-vous qu'il ressemble plutôt à votre partenaire?

- Désiriez-vous qu'il soit plutôt différent de votre partenaire?

- Comment imaginiez-vous sa réussite scolaire?

- Comment imaginiez-vous sa réussite sociale ?

- *(Question supplémentaire pour le père)* Avez-vous envié l'expérience de la grossesse de votre conjointe ?

Il n'est pas nécessaire que les désirs des deux parents soient identiques ou de même intensité pour que l'enfant se sente aimé. L'important, c'est de désirer l'enfant chacun à sa façon et de respecter les différences chez l'autre.

Les craintes

Tous les parents vivent des craintes pendant la période de la grossesse. Ces peurs, qui sont la plupart du temps contrôlables, deviennent parfois envahissantes et, comme les fantasmes, elles peuvent augmenter le niveau de stress. Face au stress, il faut fuir ou combattre, sinon le corps réagit spontanément par des symptômes dérangeants. Ainsi, ce n'est pas par hasard que nombre d'hommes prennent du poids pendant la grossesse de leur conjointe !

Exercice n° 3 :
Les parents et les peurs suscitées par le «grand dérangement»

- Face aux craintes qui sont énumérées ci-après, situez-vous sur l'échelle de *jamais, rarement, parfois, souvent* :

	Jamais		Rarement		Parfois		Souvent	
	M	P	M	P	M	P	M	P
- Peur de la grossesse	☐	☐	☐	☐	☐	☐	☐	☐
- Peur de l'accouchement	☐	☐	☐	☐	☐	☐	☐	☐
- Peur de vivre des changements dans votre vie de couple	☐	☐	☐	☐	☐	☐	☐	☐

(suite)

	Jamais		Rarement		Parfois		Souvent	
	M	P	M	P	M	P	M	P
- Peur des changements dans votre vie sexuelle	☐	☐	☐	☐	☐	☐	☐	☐
- Peur des conséquences esthétiques de la grossesse	☐	☐	☐	☐	☐	☐	☐	☐
- Peur que l'enfant soit infirme physiquement ou intellectuellement	☐	☐	☐	☐	☐	☐	☐	☐
- Peur de transmettre un gène héréditaire (trisomie, diabète, maladie mentale, etc.)	☐	☐	☐	☐	☐	☐	☐	☐
- Peur d'être un parent incompétent	☐	☐	☐	☐	☐	☐	☐	☐
- Peur de l'isolement social après la naissance	☐	☐	☐	☐	☐	☐	☐	☐
- Peur de devoir freiner votre carrière	☐	☐	☐	☐	☐	☐	☐	☐
- Peur de ne pas trouver de gardienne adéquate	☐	☐	☐	☐	☐	☐	☐	☐
- Peur de ne plus avoir de loisirs	☐	☐	☐	☐	☐	☐	☐	☐
- Peur de vous appauvrir	☐	☐	☐	☐	☐	☐	☐	☐
- Peur de perdre l'enfant pendant la grossesse	☐	☐	☐	☐	☐	☐	☐	☐
- Peur des réactions de vos autres enfants	☐	☐	☐	☐	☐	☐	☐	☐
- Peur de la réaction des familles d'origine (grands-parents)	☐	☐	☐	☐	☐	☐	☐	☐

Il faut d'abord reconnaître ses peurs si on veut parvenir peu à peu à les dissoudre ou à en réduire les effets négatifs sur soi-même et sur nos relations avec les autres.

L'univers fantasmatique

Durant la période de la grossesse, des rêves, des images ainsi que des réactions physiques spontanées et incontrôlées révèlent l'univers fantasmatique de chacun des futurs parents. Il n'y a pas à s'alarmer puisque tous ces fantasmes sont des informations que vous donne votre inconscient sur vos attentes et sur votre personnalité.

Exercice n° 4:
Les parents et les fantasmes pendant la grossesse

Dans un premier temps, faites l'exercice individuellement, puis échangez avec votre partenaire.

- Racontez un rêve qui revenait souvent pendant la grossesse.

- Aviez-vous des images ou des idées obsédantes pendant la grossesse ? Si oui, lesquelles ?

- Avez-vous eu des réactions physiques incontrôlées (allergies, appétit excessif, problèmes de sommeil, etc.) pendant la grossesse ? Si oui, lesquelles ?

En accueillant en toute simplicité la richesse de son monde intérieur, il est possible pour chacun de mieux se connaître. C'est, en partie, cette connaissance qui peut nous guider sur la voie de l'harmonie.

La venue : l'accouchement

À la fin de la grossesse, l'attente devient difficile à supporter. Le ventre est lourd, les jambes sont enflées et il faut pratiquement se rouler hors du lit le matin. La femme ressent un sentiment d'étrangeté par rapport à elle-même. Elle ne se reconnaît que vaguement dans le miroir et toutes les gentillesses de son conjoint ne la convainquent plus de sa beauté physique. Cette situation d'inconfort finit par faire désirer la délivrance même aux couples les plus craintifs.

Les cours de préparation à l'accouchement rassurent un peu mais les on-dit, les histoires dramatiques que l'entourage semble se faire un plaisir de raconter et les sourires ambigus des grand-mères laissent une drôle d'impression. Et puis, il apparaît mystérieux, surtout lors d'une première grossesse, que cet enfant décide de sortir tout d'un coup de sa cachette au jour «J» que la nature bienveillante a programmé.

Dieu sait qu'on se prépare à ce moment crucial! Mais, quand il survient, notre cœur semble arrêter de battre et on oscille entre une grande paix intérieure et un énervement total. Dans tout ce branle-bas, le bébé fait sa marque. Il décide quand il vient et comment il se présente, et ce n'est jamais tout à fait comme on l'avait prévu.

L'accouchement peut être long ou bref, facile ou difficile, mais rien n'est plus extraordinaire que de voir apparaître ce petit être humain et de pouvoir le tenir dans ses bras.

Soulignons, enfin, que la majorité des pères assistent, de nos jours, à l'accouchement et que cela est d'une grande importance pour leur attachement à l'enfant.

Les premiers moments

Les paroles et les gestes de l'accoucheur de même que ceux du conjoint et de la famille favorisent ou non les premiers contacts mère-enfant et père-enfant. Nombre d'études ont démontré l'importance de la qualité de ces contacts entre l'enfant et ses parents dans les heures qui suivent la naissance. L'être humain, comme c'est le cas chez nombre d'espèces animales, tisse très rapidement un lien de dépendance qui assure sa survie. Ce lien est à la fois physique, affectif et moral.

Exercice n° 5 :
Les parents et les conditions de l'accouchement

Dans un premier temps, faites l'exercice individuellement, puis échangez avec votre partenaire.

- L'accouchement a-t-il eu lieu à la maison ou à l'hôpital ?

- Étiez-vous ensemble au moment des premières contractions ?

- Étiez-vous ensemble au moment de l'accouchement ?

- L'enfant est-il venu au monde par césarienne ?

- Pendant le travail, les personnes qui se sont occupées de la mère étaient-elles compréhensives et gentilles ou brusques et agressives ?

- La personne qui a aidé à l'accouchement était-elle détendue, souriante et réconfortante ou froide, brusque et peu réconfortante ?

- Dans l'ensemble, l'expérience de l'accouchement a-t-elle été positive ou négative ?
  Dites pourquoi :

- La façon dont se sont déroulés le travail et l'accouchement a-t-elle eu un impact sur les premiers instants de votre relation avec votre enfant ? Lequel ?

- Quelle est l'impression que votre enfant vous a donnée lors du premier contact ?

- Avez-vous eu une intuition quant à sa personnalité future ? Laquelle ?

Il y a le cas des parents qui désirent vivre un accouchement naturel et qui se heurtent à des difficultés qu'ils ne peuvent contrôler. L'accouchement s'avère difficile ou se fait par césarienne et la déception est souvent grande. Il faut bien se rappeler, si cela se produit, qu'on a toutes les possibilités d'établir, par la suite, un lien d'attachement très fort avec l'enfant.

La qualité des premiers contacts

Les premiers moments de la rencontre entre l'enfant et ses parents sont extrêmement précieux. Ils sont à la base de tout le processus d'attachement qui est essentiel à la construction de l'identité de l'enfant et de celle des parents en tant que parents. Les conditions de l'accouchement ont, pour leur part, un impact important sur ces premiers instants.

Exercice n° 6 :
La mère et l'instant magique du premier contact

- Étiez-vous sous anesthésie générale au moment de l'accouchement ?

- Sinon, vous a-t-on présenté immédiatement votre enfant ?

- L'avez-vous mis au sein ?

- Avez-vous pu l'examiner, le toucher et l'embrasser à votre goût ?

- Quelles émotions avez-vous ressenties à ce moment-là ?

- Avez-vous partagé les premières heures qui ont suivi l'accouchement avec votre enfant ?

- L'avez-vous allaité ou nourri à la bouteille à ce moment-là ?

Exercice n° 7 :
Le père et l'instant magique du premier contact

- Étiez-vous présent au moment de l'accouchement ?

- Si oui, vous a-t-on permis de prendre votre enfant ?

- Avez-vous pu l'examiner, le toucher et l'embrasser à votre goût ?

- Quelles émotions avez-vous ressenties à ce moment-là ?

- Avez-vous partagé les premières heures qui ont suivi l'accouchement avec votre enfant ?

- Lui avez-vous donné des soins ?

(Question qui s'adresse aux deux parents)

Diriez-vous que votre premier contact avec votre enfant a été :

	Mère	Père
Émouvant	☐	☐
Plaisant	☐	☐
Agréable	☐	☐
Tendu	☐	☐
Inquiet	☐	☐
Désagréable	☐	☐
Triste	☐	☐

Selon vous, pourquoi ?

Il y a des circonstances qui favorisent un attachement rapide et intense à l'enfant. Toutefois, lorsque ces premiers moments ne se déroulent pas de façon idéale, il est encore possible de tisser, au jour le jour, cette relation d'amour qui est essentielle au bien-être de chaque être humain.

Les réactions de la famille

« Je me souviens de ma peine lorsque mon plus jeune enfant, le troisième garçon de la famille, a semblé décevoir ses quatre grands-parents. Chacun d'eux avait espéré une fille et était incapable de cacher sa déception. Je pensais, en mon for intérieur, que mon petit garçon avait le droit d'être accepté pour ce qu'il était et qu'il n'avait pas à porter des attentes qui ne le concernaient pas. » (D. L.)

Exercice n° 8:
Les parents et les perceptions de la famille élargie

Dans un premier temps, faites l'exercice individuellement, puis échangez avec votre partenaire.

Évaluez, sur l'échelle graduée de 1 à 10, la réaction de votre famille et de celle de votre partenaire à la naissance de l'enfant.

1 = Réaction très négative

5 = Réaction moyennement positive

10 = Réaction très positive

- La réaction de votre famille à la naissance de l'enfant

1	5	10

- La réaction de votre famille au sexe de l'enfant

1	5	10

- La réaction de la famille de votre partenaire à la naissance de l'enfant :

1	5	10

- La réaction de la famille de votre partenaire au sexe de votre enfant :

1	5	10

Les parents n'ont aucun contrôle sur les perceptions positives ou négatives de la famille élargie. Ils peuvent cependant se distancier des commentaires entendus pour mettre toutes leurs énergies à créer un lien intime avec leur tout-petit.

Les ressemblances

L'enfant, tout de suite après la naissance, s'insère dans un réseau familial complexe. Une partie de son identité est déjà prédéterminée par les ressemblances et les différences qu'on lui reconnaît, d'abord et surtout sur le plan physique.

Exercice n° 9:
Les parents et la continuité familiale

- Spontanément, à qui trouviez-vous que votre bébé ressemblait?

	Mère	Père
À vous-même	☐	☐
À votre partenaire	☐	☐
À votre père ou à votre mère	☐	☐
À votre beau-père ou à votre belle-mère	☐	☐
À quelqu'un d'autre de votre famille	☐	☐
À quelqu'un d'autre de votre belle-famille	☐	☐
À personne de votre parenté	☐	☐

- Est-ce que ces ressemblances vous faisaient plaisir?

  Pourquoi?

- Est-ce que ces ressemblances vous ennuyaient?

  Pourquoi?

C'est une bonne chose que les parents et la famille élargie puissent se reconnaître dans le nouveau venu. Ce sont des indices favorables d'accueil et d'acceptation.

3

L'enfant réel

Connaître par la présence

Ce petit bébé qui vient de sortir du ventre de sa mère n'est pas encore tout à fait l'enfant réel! L'enfant réel, c'est celui que l'on découvre graduellement au fil des jours et des semaines. C'est l'enfant que l'on baigne et dont on découvre les plis et les replis, celui que l'on berce et qui réagit et celui qu'on nourrit en répondant à ses demandes. C'est l'enfant qui est là, présence constante, exigeante et envahissante. C'est l'enfant dont on surveille le sommeil fragile et dont on guette les vagissements. C'est l'enfant de tous les matins, de tous les soleils et de toutes les pluies. L'enfant réel est celui dont on découvre le tempérament et le rythme biologique, celui auquel on doit s'ajuster et qui graduellement devra s'ajuster à nous à son tour. L'enfant réel nous révèle l'importance de la présence. La présence à soi d'abord, à ses propres besoins, à son idéal de soi comme parent, à ses forces et à ses fragilités! Et la présence à l'enfant en qualité et en quantité! En d'autres mots, se connaître d'abord pour ensuite connaître et reconnaître son enfant, le percevoir détaché de soi et uni tout à la fois, le sentir, le pressentir sans tout projeter sur lui, l'aimer et l'entourer mais aussi respirer et le laisser respirer!

L'enfant réel est l'enfant qui nous émeut souvent mais qui nous décourage et nous désespère parfois. C'est l'enfant qui, en nous apprenant notre rôle de parent, nous permet de reprendre contact d'une autre façon avec nos propres parents, qu'ils soient vivants ou non. L'enfant réel émerge doucement de notre rêve et nous ramène à la réalité; la sienne et la nôtre par le fait même.

Les tempéraments

Les enfants viennent au monde avec un tempérament. Selon Chess et Thomas, on peut distinguer trois types de tempérament: facile, lent et difficile. Aucun enfant ne correspond entièrement à chacun de ces types parce que chaque enfant est unique au monde.

Exercice n° 10:
Les parents, leurs types de tempérament et celui de leur enfant

Chaque tempérament est le résultat d'un agencement de neuf traits de caractère. À l'aide du tableau suivant, faites votre portrait (**M** pour mère et **P** pour père) ainsi que celui de votre enfant (**E**) en marquant votre réponse dans la colonne qui convient. En traçant celui de votre enfant, vous allez porter un jugement de valeur sur ses traits de caractère. Vous pourrez juger, par exemple, que votre enfant *mange et dort facilement* et qu'il *réagit* *beaucoup à la nouveauté*. Ou vous pourrez constater que vous éprouvez un malaise face à votre enfant qui *bouge peu* en même temps qu'il *perçoit peu les stimuli extérieurs* et apprendre que tout est question d'adaptation mutuelle. Il ne faut surtout pas oublier que vous avez aussi un tempérament.

Dans un premier temps, faites l'exercice individuellement, puis échangez avec votre partenaire.

Habiletés	FACILE M P E Beaucoup			LENT M P E Variable			DIFFICILE M P E Peu		
Types de tempérament									
Manger, dormir, uriner, déféquer avec régularité	☐	☐	☐	☐	☐	☐	☐	☐	☐
Bouger et se mouvoir	☐	☐	☐	☐	☐	☐	☐	☐	☐
Percevoir les stimuli extérieurs	☐	☐	☐	☐	☐	☐	☐	☐	☐
Fixer son attention	☐	☐	☐	☐	☐	☐	☐	☐	☐
Conserver son attention en dépit d'une distraction	☐	☐	☐	☐	☐	☐	☐	☐	☐
Réagir à la nouveauté	☐	☐	☐	☐	☐	☐	☐	☐	☐
Adapter l'intensité de sa réaction aux stimuli	☐	☐	☐	☐	☐	☐	☐	☐	☐
S'adapter à la nouveauté	☐	☐	☐	☐	☐	☐	☐	☐	☐
Manifester plaisir et contentement de façon régulière	☐	☐	☐	☐	☐	☐	☐	☐	☐

Résultats

Plus les conjoints identifient leurs différences de perception à l'égard de l'enfant, moins il y a de possibilités de conflit entre eux. La tolérance de ces différences permet à l'enfant de s'adapter au style de chacun de ses parents. En utilisant les résultats obtenus, répondez maintenant aux questions suivantes.

(Questions supplémentaires)

- Les tempéraments du père et de la mère s'harmonisent-ils entre eux ? Sur quels points ?

- Les tempéraments du père et de la mère sont-il compatibles avec celui de l'enfant?
  Précisez:

- Quels sont les traits qui semblent favoriser une relation harmonieuse entre chacun des parents et l'enfant?
  Précisez:

- Quels sont les traits qui semblent soulever des difficultés entre chacun des parents et l'enfant?
  Précisez:

- Quels moyens allez-vous prendre pour harmoniser vos relations avec votre bébé?
  Donnez des détails:

Le rythme biologique

Chaque bébé a un rythme biologique qui lui est propre et qui se manifeste dans la fréquence des boires et des périodes de sommeil et d'éveil. Au cours des premiers mois de vie, ce sont les parents et particulièrement la mère qui doivent se plier au rythme biologique de l'enfant. Si ce rythme ne correspond pas à celui des parents, ceux-ci vont vivre des moments difficiles. Le bébé, cependant, s'ajustera graduellement au rythme de vie de la maison. Mais cela prendra du temps et de la patience! Il ne sert à rien de brusquer le nourrisson, il faut d'abord répondre à ses besoins de base et lui assurer une présence de qualité.

La présence à soi et à l'enfant

Baisers pour mon petiou

Baisers dans le cou
Pour mon amour si doux
Comme de la soie, mon espoir
Glisse sur toi, ce soir

Baisers sur ta peau nue
Mon petit ange des nues
Chante, chante dans mon cœur
Les notes du bonheur

Baisers sur ton ventre rond
Rond comme ma chanson
Baisers fous, baisers partout
Pour mon amour, mon petiou

(D. L.)

Le tout-petit établit une relation douce et chaude avec sa mère qui est encore intimement liée à son corps. Dès qu'il pleure, le lait monte dans ses seins et, dès qu'il s'éveille, son oreille est aux aguets. Le bébé se rassure en entendant le battement du cœur de sa mère car il a souvenance de ce rythme qui l'a bercé alors qu'il était dans son ventre. Il tète et fixe le visage de sa mère. Il reconnaît sa voix (il la reconnaissait déjà dans l'utérus) et il respire sa peau.

Le bébé établit aussi une relation importante avec son père. Des recherches récentes ont d'ailleurs établi que l'enfant, alors qu'il est dans l'utérus, reconnaît déjà la voix de son père.

Différentes façons d'être présent à l'enfant

Il y a différentes façons d'être présent à l'enfant. De fait, chacun a sa façon d'assurer cette présence.

Matière à réflexion

- Les bébés aiment les caresses sur leur peau nue. L'heure du bain peut être l'occasion de massages et de gestes de tendresse. Il n'est pas essentiel de connaître des techniques particulières; l'important, en effet, c'est d'éprouver du plaisir à toucher le bébé. Il y a des personnes qui aiment toucher plus que d'autres.

- La voix humaine est la plus belle musique qui soit et les bébés aiment qu'on leur parle. La voix de la mère les rassure et les calme dans la mesure où cette voix est... calme. En effet, les bébés sont très sensibles à toutes les tensions. L'enfant apprécie l'intérêt qu'on lui porte même s'il ne comprend pas les mots qu'on lui dit.

- Les nourrissons aiment les rythmes. Ils aiment se faire bercer et se faire promener, ils aiment entendre des chansons et de courtes poésies.

Il importe que chacun utilise le médium qui lui convient le mieux. Ce qui compte le plus, c'est l'émotion derrière le geste ou la parole.

La relation avec l'enfant n'est pas que positive. Il y a des moments d'exaspération, de grande fatigue et d'incompréhension. En effet, on ne sait pas interpréter spontanément les pleurs de l'enfant et, de la même façon, on ne sait pas quand et comment satisfaire ses besoins. Bien sûr, il faut apprendre au contact de l'enfant mais on peut également trouver de l'aide auprès de certaines personnes. Il est triste de constater, de nos jours, que plusieurs familles ont rompu, pour diverses raisons, avec la génération des grands-parents. En se privant de la famille élargie qui peut leur transmettre un savoir ancestral, les parents restent souvent inquiets face aux demandes du bébé et cette inquiétude crée un climat général de tension auquel réagit l'enfant. Le tout-petit peut devenir « difficile » et cela crée de l'insécurité chez les parents. Le stress augmente et l'on risque bientôt de se retrouver dans un cercle vicieux.

Forces et vulnérabilités

« Être parent », cela ne s'apprend pas seulement dans les livres ! C'est un rôle qui s'élabore et qui se développe surtout à travers les échanges fréquents qu'on a avec d'autres parents. C'est aussi un rôle qui oblige chacun à se regarder soi-même, à apprendre à se connaître et à se reconnaître dans ses forces et ses vulnérabilités.

Exercice n° 11 :
Les parents, leurs forces et leurs vulnérabilités

Dressez maintenant la liste de vos forces et de vos vulnérabilités.

	Mère	Père
Forces		
Physiques		
Affectives		
Intellectuelles		
Sociales		

	Mère	Père

Vulnérabilités

Physiques

Affectives

Intellectuelles

Sociales

On peut comparer les forces aux fondations d'une maison, c'est-à-dire à ce qui est à la base de tout l'édifice des relations. Les vulnérabilités, pour leur part, sont les portes et les fenêtres mal ajustées et les murs qui ont besoin d'être repeints. Certaines maisons ont besoin de grandes réparations pour être confortables, et d'autres, de petites seulement. Chose certaine, si on n'y prend garde et si on laisse aller les choses, la maison risque de se délabrer.

4

La rencontre

La présence de la mère

L'enfant, à la naissance, se retrouve dans un état de dépendance à peu près total à l'égard de la mère. Il a tout à apprendre à l'exception de quelques mécanismes instinctifs que son patrimoine héréditaire lui a légués. Il peut à peine voir et entendre et il vit, la plupart du temps, dans un univers indifférencié. Il ignore encore qu'il existe en tant qu'être humain indépendant. Son système nerveux n'est pas parfaitement achevé et il dort presque tout le temps.

Les 8 ou 9 premiers mois de la vie vont consister, pour l'enfant, en une découverte progressive de son environnement qu'il explorera d'abord et avant tout avec sa bouche. Pendant les toutes premières semaines, son univers se réduira à ce qu'il perçoit du corps de sa mère ; cela va des contacts sensoriels chaleureux aux caresses et à quelques bruits diffus qu'il apprend rapidement à reconnaître comme étant des indices, des menaces ou des promesses.

L'enfant éprouve aussi des sensations vagues de malaise ou de bien-être comme la faim, la peau souillée, la chaleur et le froid. Toutes ces petites expériences sont peu à peu identifiées par l'enfant et, vers 12 semaines par exemple, la plainte pour manger ne sera déjà plus la même que le cri qui exprime l'insécurité, la peur ou la terreur.

Progressivement, la bouche découvre le pouce, la main et le pied. Le visage de l'autre est peu à peu identifié entre la huitième et la douzième semaine de vie. L'enfant répond alors au sourire par un autre sourire. Toutefois, il faudra attendre jusqu'au huitième mois pour qu'il reconnaisse le visage de sa mère entre plusieurs et qu'il puisse se sentir distinct d'elle. Cette découverte ne manque pas d'ailleurs de provoquer en lui une angoisse importante.

Désormais, l'enfant pleure lorsqu'il perçoit un étranger et il tente de retrouver la sécurité en empoignant vigoureusement sa mère. Cette mère, qui faisait initialement partie de lui-même comme il faisait partie d'elle, il craint maintenant de la perdre définitivement et d'être abandonné lorsqu'elle s'éloigne.

Lorsqu'il ne voit plus sa mère, l'enfant s'imagine qu'elle est disparue et qu'elle ne reviendra pas. Il s'accroche donc à un objet quelconque, que ce soit une couverture, un hochet ou un animal de peluche, pour garder en permanence cette personne désirée et significative.

Cette image d'un parent adéquat et satisfaisant est, au départ, naturellement ambiguë. En effet, c'est la même personne qui, en même temps, donne et refuse. C'est la même qui procure de la sécurité et qui rassure par sa présence physique mais aussi qui s'éloigne, qui disparaît et qui fait naître le chagrin et l'insécurité.

Cette personne, généralement la mère, représente pour l'enfant une puissance extraordinaire qui décide à la fois du temps, du lieu et de l'action et il ne peut en être autrement. Mais la mère a aussi la capacité de faire accepter à l'enfant ce qui est désagréable; c'est elle qui va peu à peu lui faire comprendre que l'amour entre deux êtres ne disparaît pas avec l'éloignement physique.

Il est très important d'habituer très tôt l'enfant à vivre et à accepter un certain nombre de frustrations. Ce n'est qu'ainsi qu'il pourra développer une personnalité harmonieuse, qu'il deviendra capable de tolérer qu'il existe un délai entre sa demande et la réponse de l'autre et qu'il acceptera les inévitables insatisfactions de la vie en commun.

Accepter l'expérience de la frustration, c'est aussi se libérer des effets nuisibles du stress, de l'anxiété ou de l'angoisse qui surgissent souvent lorsque deux êtres humains tentent de créer une relation de partage et d'intimité.

Il convient de répéter que cette période qui va de la naissance à 9 mois est extrêmement importante. Il s'agit, en effet, de la toute première relation que vit l'enfant avec un autre être humain. Cette expérience est très significative puisqu'elle crée, peu à peu, un modèle relationnel auquel l'individu va se référer, de manière consciente ou inconsciente, tout au long de son existence.

L'expérience du sevrage est l'une des situations éducatives les plus marquantes des neuf premiers mois de la vie de l'enfant. Cette expérience se déroule bien si la relation mère-enfant est significative et positive. L'enfant est alors suffisamment en confiance avec son pourvoyeur pour accepter ce qui est suggéré ; y compris cette idée, très curieuse pour lui, de renoncer au sein ou au biberon au profit d'aliments bizarres dont il ne sait réellement pas quoi faire.

Si l'enfant, par contre, ne se sent pas en sécurité et demeure méfiant, ou si la mère est instable ou rigide, l'expérience du sevrage peut vite devenir un épisode très difficile, sur le plan tant physique qu'affectif.

Nous savons qu'une bonne part du comportement adolescent et adulte découle de ce qui a été vécu lors de ces 9 premiers mois de vie. Au cours de cette période, la symbiose est si grande entre la mère et l'enfant que les émotions de la mère sont très facilement perçues par l'enfant qui les fait siennes. Une mère anxieuse risque donc d'avoir un enfant qui développera devant l'existence une attitude générale faite d'insécurité et d'angoisse. À l'opposé, une mère confiante, calme et sereine donnera vie à un être confiant et ayant le goût de vivre.

La présence du père

Il a été surtout question jusqu'ici de la relation mère-enfant parce que le rôle maternel est essentiel, au moins durant les premiers mois de vie. C'est elle qui porte l'enfant, le met au monde, s'occupe de lui de façon permanente et lui apprend progressivement à se détacher de sa dépendance envers elle.

Le père occupe aussi une place très importante auprès de l'enfant malgré l'attachement bien particulier que celui-ci a pour sa mère. En effet, le bébé ne se tourne plus exclusivement vers sa mère dès l'instant où il comprend qu'il est une petite personne différente d'elle. À partir de ce moment-là, il a besoin d'être pris en charge à la fois par sa mère et par son père afin de pouvoir atteindre un développement satisfaisant de son corps, de son affectivité et de son intelligence.

Un père peut être « absent » en démissionnant, en se désintéressant de la relation avec son enfant et de son éducation ou en laissant à la mère la responsabilité totale de la prise en charge et de l'encadrement du nouveau-né. Ce père laisse entendre au nourrisson qu'il est impuissant à retenir l'attention d'une autre personne que sa mère ou qu'il en est incapable.

Quand un père n'accorde que de brefs instants à son enfant ou évite systématiquement les contacts physiques ou affectifs avec son tout-petit, il lui transmet un senti-ment d'absence, un manque de spontanéité et la crainte de l'abandon.

Pour que le père accomplisse pleinement son rôle, il faut qu'il accepte de participer aux soins du bébé dès la naissance. L'enfant doit sentir, de plus, que son père éprouve du plaisir à jouer avec lui et qu'il occupe une place privilégiée dans son existence. Bref, il faut que le père, dès la naissance, « investisse » émotivement et physiquement l'enfant et que celui-ci ressente effective-ment cette présence. L'enfant comprend ainsi qu'il lui est possible d'établir et de vivre intensément une deuxième relation significative avec un adulte pourvoyeur d'amour et de soins.

Dès la naissance, le père doit établir spontanément, tout comme la mère le fait, une communication physique avec l'enfant. Le plaisir d'offrir et de recevoir des stimu-lations tactiles permet d'établir une relation d'intimité où l'investissement personnel est de plus en plus intense et réciproque. Cette expérience agréable est l'un des principaux facteurs qui favorisent chez l'humain le développement de la capacité d'aimer.

Il n'y a rien qui empêche un père de baigner son enfant, de le sécher, de le cajoler, de le caresser, de le dorloter, de changer ses couches, de le laver, de le tenir, de le bercer, de le porter, de jouer avec lui et de continuer à lui donner toutes sortes de stimulations sensorielles et affectueuses. Tous les gestes physiques, y compris celui de porter l'enfant, sont des actes d'amour qui sont peut-être la seule forme tangible qu'ont un père et une mère pour manifester leur attachement à l'enfant.

Matière à réflexion

«Chez le ouistiti commun, c'est surtout le père qui s'occupe des petits. Le mâle ouistiti assume son rôle de père dès l'accouchement; il assiste la femelle durant le travail et il accueille les bébés avec ses mains lorsqu'ils naissent. Pendant la période d'allaitement, la mère ne prend ses petits qu'au moment de les nourrir. Autrement, le père les transporte partout avec lui, les amuse et les protège. Parfois, les frères ou les sœurs aînés sont aussi 'gardiens' des petits.»

(Le Biodôme de Montréal)

Être un « parent guide »

La réalité nous révèle que nombre de femmes et d'hommes s'occupent de leurs enfants sans pouvoir agir comme de véritables guides. Personne ne leur a enseigné la façon de s'y prendre et on n'a pas encore demandé à l'école de se charger de cet apprentissage. De façon générale, ces femmes et ces hommes adoptent tout simplement les principes et les moyens éducatifs de leurs parents, répétant ainsi les mêmes erreurs, ou en prennent systématiquement le contre-pied. Ils peuvent également décider d'agir en se fiant uniquement à leur « instinct » parental.

Il n'est pas nécessaire d'être un grand savant pour bien éduquer son enfant. Encore faut-il savoir que l'enfant ne s'épanouit et ne s'actualise que s'il grandit dans un milieu où il se sent aimé et accepté, où il peut explorer et expérimenter et où il a l'occasion de s'exprimer ouvertement. Mais le savoir théorique ne permet aucunement de devenir un « parent guide ». Il faut, pour le devenir, être en harmonie avec soi-même et en faire l'expérience de façon continue. Cela ne s'apprend ni dans les manuels ni dans les livres mais par l'intériorisation de la vie quotidienne qu'on partage avec l'enfant.

Quand on vit bien avec l'enfant, on lui apporte la certitude d'être aimé et accepté, on lui donne sécurité et confiance, on augmente son estime personnelle et on l'aide à s'ouvrir à l'univers. Mais il faut également que l'univers dans lequel évolue l'enfant soit suffisamment attrayant pour capter son attention et stimuler son désir de connaître.

L'enfant est naturellement curieux et les parents doivent lui permettre d'affirmer ce désir d'exploration de l'univers. L'enfant doit trouver sa place sans qu'on lui impose trop d'interdits et de restrictions. Le « dressage » précoce contribue rarement au véritable développement personnel. Il est préférable d'adhérer à une conception de l'éducation qui soit libérale plutôt que directive.

Si les parents sont trop rigides au cours des neuf premiers mois, cela risque d'engendrer chez l'enfant de l'insécurité et du doute ; mais une trop grande permissivité entraînera une instabilité affective et comportementale et l'enfant deviendra incapable de supporter la moindre limitation. Les parents doivent d'abord s'entendre entre eux afin de permettre qu'il y ait ensuite un ajustement entre leurs attitudes et celles de l'enfant. Cela est essentiel à la stabilité de la relation qui débute.

Il est souhaitable que la mère et le père s'occupent eux-mêmes et de façon unifiée de l'enfant au cours de cette première période de vie et qu'ils évitent autant que possible l'instabilité et l'insécurité qui rendent le nourrisson anxieux et qui compromettent souvent son développement harmonieux.

Si les parents désirent que l'enfant accomplisse certaines expériences, il faut qu'ils lui laissent une vraie marge de liberté et qu'ils s'efforcent de saisir le sens et les motivations de ses actes et de ses gestes quotidiens. Observer l'enfant, le comprendre, l'accompagner fréquemment dans ses expériences quotidiennes et les partager, telles sont les attitudes fondamentales que doit adopter le « parent guide ».

Les nouveaux parents qui s'attaquent à la tâche d'éduquer leur enfant et qui veulent établir avec lui une relation significative doivent d'abord accepter de se détacher du souci de perfection. Chacun doit se percevoir, à l'intérieur de soi, comme un parent acceptable et responsable plutôt que de rechercher constamment la recette du parent parfait. Cette perspective permet d'éliminer des doutes continuels et d'utiliser l'énergie disponible à vivre du plaisir et de la complicité avec son enfant. La recherche de cette mutualité dans la relation parent-enfant vaut bien davantage que toutes les théories éducatives ou les approches comportementales présentes ou futures.

5

L'attachement

Tomber en amour

Pour «tomber en amour», il faut se laisser aller à vivre ses sentiments. Il faut laisser le cœur palpiter. Il faut arrêter de penser. Le bébé et sa maman doivent carrément «tomber en amour» pour que s'installe l'attachement nécessaire à un bon développement. Papa aussi peut tomber en amour mais cela prend habituellement un peu plus de temps parce que les contacts avec l'enfant sont moins intimes et moins fréquents. Mais rien n'est plus merveilleux que de voir un père tomber en amour avec son enfant et rien n'est plus beau qu'un parent complètement «fou de son enfant».

La survie psychologique d'un enfant dépend en grande partie de la qualité de l'attachement mère-enfant qui doit être favorisé de toutes les façons. Il est primordial d'apporter beaucoup d'aide à la mère pour qu'elle soit en contact avec son enfant le plus souvent possible. S'il arrive que la mère soit trop déprimée ou qu'elle soit trop malade pour être en mesure d'assurer le lien avec l'enfant, quelqu'un d'autre doit se substituer à elle le plus rapidement possible dans l'intérêt de l'enfant.

On comprend aujourd'hui toute l'importance de l'attachement père-enfant alors qu'on le considérait, auparavant, comme un élément secondaire. Les pères qui se lient à leur enfant très tôt assurent généralement une présence effective tout au long du processus éducatif. Des recherches ont également révélé que les pères présents à l'enfant dès la naissance deviennent rarement violents à son égard.

Il convient de mentionner ici que les congés parentaux existent pour favoriser les contacts précoces entre les parents et l'enfant et qu'ils devraient être généralisés et encouragés.

Créer un lien d'attachement

Créer un lien d'attachement, c'est vivre quotidiennement des moments intimes avec son enfant. C'est prendre le temps de goûter la rencontre merveilleuse avec ce petit être vivant.

Exercice n° 12 :
Les parents et leur lien d'attachement

Dans un premier temps, faites l'exercice individuellement, puis échangez avec votre partenaire.

- Quel moment de la journée préférez-vous passer avec votre bébé ?

- De quelle façon apprenez-vous à le connaître ?

- De quelle façon cherchez-vous à créer un lien d'attachement avec votre enfant ?

- Aimez-vous être seul(e) avec bébé ?

- Avez-vous besoin de moments d'intimité avec bébé ?

- Préférez-vous, la plupart du temps, vous occuper seul(e) du bébé ou souhaitez-vous que votre partenaire soit très présent(e) ?

- Favorisez-vous la création de liens d'attachement entre votre partenaire et le bébé ?

- Favorisez-vous la création de liens d'attachement entre l'enfant et les autres membres de la famille ?

- Favorisez-vous la création de liens d'attachement entre l'enfant et la famille élargie ?

- Sentez-vous parfois que vous êtes de trop en présence de votre partenaire et du bébé ?

- Croyez-vous qu'un bébé a presque exclusivement besoin de sa mère ?

- Auriez-vous le goût de prendre plus de place auprès de votre enfant ?

Partagez maintenant le fruit de vos réflexions en n'oubliant pas que le fait de permettre à l'enfant de créer de multiples liens d'attachement favorise l'enrichissement de sa personnalité et son intégration dans son univers familial.

Parcelle d'éternité

Mon ange, mon trésor, mon cœur

Tu es là, dans mes bras et je te dis tout bas

Mon secret le plus doux, mon secret le plus fou
*   Tu sais je te reconnais !*

Tu es moi par tes fossettes, par la courbe de tes
*   pommettes*

Tu es parcelle de moi, tu es un peu de mon éternité

Mais, blotti contre mon sein, ton sourire au coin
*   des lèvres*

Tu es déjà si loin de moi

Je te regarde et je te vois

Je te regarde et je me vois

Mon âme, ma vie, mon espérance

Déjà je te sens différent

Extraordinaire et unique !

Tendre illusion qui s'en va...

Je tombe en amour, à chaque fois

Que je te vois

(D. L.)

L'expérience de la sécurité

Les premières semaines qui suivent la naissance sont donc la continuité de l'expérience intra-utérine. L'enfant a besoin de prolonger le contact étroit avec le corps de sa mère et de son père afin de satisfaire sa sensibilité musculaire et kinesthésique et assurer ainsi sa sécurité intérieure.

La mère et le père doivent porter l'enfant bien fermement, le nourrir avec régularité, le caresser longuement, lui parler abondamment et le rassurer. D'ailleurs, les parents s'aperçoivent bien vite que l'enfant s'affole dès qu'il manque de sécurité ; ainsi, lorsqu'il est allongé sur une table et que le contact direct avec les parents est interrompu, le bébé devient rapidement inquiet car il a perdu sa sécurité intérieure.

Pour être heureux et pour se développer, l'enfant a besoin d'être touché, pris, caressé et cajolé. Il a besoin qu'on lui parle beaucoup et qu'on réponde à ses besoins physiques de façon régulière et selon son rythme personnel.

Étreintes, caresses et touchers lui apportent les sensations sécurisantes dont il a besoin pour sa survie et sa santé physique et affective. Sécurité, tendresse, alimentation adéquate et contact direct sont les fondements de la relation d'amour entre l'enfant et ses parents.

Le besoin de tendres stimulations tactiles est un besoin vital chez l'enfant. Il faut satisfaire ce besoin afin que le nourrisson vive en sécurité, qu'il se développe harmonieusement et qu'il devienne progressivement un humain de plus en plus unifié.

Les besoins des parents et des enfants

La tâche des parents consiste à créer un climat harmonieux dans lequel l'enfant va évoluer avec simplicité au rythme de ses explorations et de ses découvertes. Il incombe aux parents d'organiser la vie de l'enfant en prévoyant et en graduant les difficultés qu'il va nécessairement rencontrer. Il est nécessaire que les parents acceptent d'être dérangés dans leurs habitudes sans pour autant que leur vie individuelle et que leur vie de couple soient complètement subordonnées à celle de l'enfant. Pour éviter que des conflits surgissent dans le couple ou entre les parents et l'enfant, il convient d'opter, encore une fois, pour le juste milieu et de trouver le point d'équilibre.

Il n'est pas souhaitable, par exemple, que la mère se sacrifie totalement à son enfant au point de négliger ses centres d'intérêt et d'abandonner ses activités personnelles. Il n'est pas souhaitable non plus que le père se tienne à distance de l'enfant et qu'il évite de s'engager émotivement ou de participer de façon égalitaire aux soins à donner.

Nous privilégions une conception et une pratique de l'éducation où tous les membres de la famille sont associés en une équipe au sein de laquelle chacun a le désir d'assumer des responsabilités. La liberté de chacun est ainsi respectée et le nouveau-né bénéficie de l'appui quotidien dont il a besoin. Une routine de vie stable et cohérente lui assure, en effet, l'affection et le sentiment de sécurité dont il a besoin.

Maslow a conçu une pyramide des besoins de l'être humain dont la satisfaction est essentielle au bien-être de chaque personne, qu'elle soit en situation d'autorité parentale ou non. On peut se demander comment il est possible de subvenir aux besoins d'un enfant si on ne cherche pas d'abord et en même temps à combler la majorité des besoins que l'on a. La réponse va de soi; il est important de travailler activement à être plus heureux soi-même car le bonheur attire le bonheur!

Exercice n° 13 :
Les parents et leurs besoins- I

Déterminez si vos besoins fondamentaux sont comblés. Encerclez le chiffre correspondant à votre situation personnelle actuelle.

Mère   **Père**

1 2 3   ÉPANOUISSEMENT   1 2 3
                 (besoin d'un sens à sa vie)
                 - connaître
                 - contribuer
                 - grandir
                 - créer

1 2 3   ESTIME   1 2 3
                 (besoin de se valoriser)
                 - se comprendre soi-même
                 - s'accepter et se respecter
                   comme personne différente
                   des autres

1 2 3   AFFECTION   1 2 3
                 (besoin de valorisation par
                 l'environnement)
                 - se sentir accepté, compris
                   et respecté par les autres

1 2 3   SÉCURITÉ   1 2 3
                 (besoins affectifs)
                 - se sentir à l'abri des menaces
                   et des catastrophes

1 2 3   STABILITÉ   1 2 3
                 (besoins physiques, vitaux)
                 - manger, boire, se loger,
                   se vêtir

1 = non comblé   2 = partiellement comblé   3 = totalement comblé

Exercice n° 14:
Les parents et leurs besoins- II

Chaque être humain est unique. Chacun peut désirer satisfaire des besoins différents de ceux de son partenaire ou de la plupart de ses amis.

- Précisez ce qui actuellement vous comblerait.

		Mère	Père
Au niveau physique:	Recouvrer la santé	☐	☐
	Être plus en forme	☐	☐
	Changer d'apparence	☐	☐
	Se sentir bien dans son corps	☐	☐
	Autre	☐	☐
Au niveau émotif:	Vivre plus de sérénité (moins d'anxiété)	☐	☐
	Vivre plus de plaisir (moins de soucis)	☐	☐
	Vivre plus de bonheur (moins de tristesse)	☐	☐
	Vivre plus d'harmonie (moins de colère)	☐	☐
	Vivre plus d'affirmation (moins de dépendance)	☐	☐
	Vivre plus d'amour (moins de solitude)	☐	☐
	Autre	☐	☐
Au niveau intellectuel:	Augmenter sa concentration	☐	☐
	Augmenter sa mémoire	☐	☐
	Augmenter sa capacité de raisonnement	☐	☐
	Augmenter ses connaissances	☐	☐
	Autre	☐	☐
Au niveau social:	Avoir plus d'amis	☐	☐
	Avoir moins d'amis	☐	☐
	Être plus à l'aise dans les relations sociales	☐	☐
	Vivre moins de dépendance des autres	☐	☐
	Vivre plus de spontanéité avec les autres	☐	☐
	Être plus à l'aise avec les personnes en position d'autorité	☐	☐
	Avoir plus de temps à consacrer à la vie sociale	☐	☐
	Autre	☐	☐

Exercice n° 15 :
Les parents et leurs besoins- III

Dans un premier temps, faites l'exercice individuellement, puis échangez avec votre partenaire.

- Est-ce que le fait d'avoir un tout jeune bébé nuit à la satisfaction de certains des besoins prioritaires de chacun des parents ?
  Lesquels ?

- De quelle façon chacun pourrait-il obtenir une satisfaction au moins partielle de ses besoins ?

- Avez-vous la même façon de voir les choses ?

- Avez-vous tendance à percevoir vos différences sur le plan des besoins comme du rejet ou de l'incompréhension ?

- Quel rôle votre bébé joue-t-il dans tout cela ?

Échangez avec votre partenaire sur ce sujet et sur l'importance qu'il y a de prendre le temps, chaque jour, d'identifier ses propres besoins et d'y répondre. Le bien-être personnel favorise une bonne relation avec le bébé.

Exercice n° 16 :
Les parents et les besoins de leur enfant

- Nommez, par ordre de priorité, cinq (5) besoins que vous identifiez chez votre nourrisson.

Mère	Père
1-	1-
2-	2-
3-	3-
4-	4-
5-	5-

- Vous est-il possible de les satisfaire?

	Mère	Père
Pleinement	☐	☐
En grande partie	☐	☐
Un peu seulement	☐	☐
Pas du tout	☐	☐

- Est-il possible de satisfaire les besoins de l'enfant et de continuer à vous occuper de vos propres besoins?

Si oui, comment y arrivez-vous?

Il est important d'échanger entre partenaires sur ces questions et de réfléchir sur les besoins fondamentaux des enfants. Cela permet d'établir des priorités dans les ajustements mutuels entre les conjoints et entre les parents et l'enfant.

Avant l'âge de 3 ou 4 mois, le bébé impose son propre rythme biologique et il est important de le suivre le plus possible. Par contre, le bébé doit aussi s'ajuster graduellement à la routine familiale. Le passage n'est pas toujours facile à faire. Les parents se sentent parfois coupables d'imposer des délais à l'enfant. Toutefois, le fait de vivre de petites frustrations permet au bébé de commencer à éprouver des «désirs». Le désir naît du délai qui intervient entre l'expression d'un besoin et sa satisfaction. Avoir des désirs est à la base de la construction du sentiment d'identité.

Exercice n° 17 :
Les parents et les routines familiales

- Quelles sont les routines actuellement établies dans votre foyer ?

	Mère	Père
alimentation	☐	☐
coucher	☐	☐
lever	☐	☐
sorties	☐	☐
soins corporels	☐	☐
jeux	☐	☐

- Ces routines sont-elles bien stables dans le temps (se déroulent-elles toujours au même moment) ?

- Ces routines sont-elles stables dans l'espace (se déroulent-elles toujours à la même place) ?

- Êtes-vous constants dans vos attitudes envers votre bébé ?

Le climat général qui entoure le nourrisson doit être calme, rassurant et confortable. Le bébé redoute les secousses de quelque nature que ce soit (chocs, bruits, lumières vives, etc.). Il a besoin également de beaucoup de sommeil et d'une certaine régularité dans ses diverses activités : nourriture, bain, changements, etc. Notons que régularité ne signifie pas rigidité et qu'avec bébé, il faut « prendre le temps ». Une grande disponibilité de la part des parents est essentielle. Un environnement tendre et l'utilisation fréquente de langage sont des outils privilégiés pour favoriser un éveil plus rapide de l'intelligence et une apparition plus précoce de la parole.

◆ ◆ ◆

Tout enfant qui vit dans un environnement stimulant est soumis, lorsqu'il est éveillé, à des sensations, à des émotions et à des perceptions multiples. Il regarde, il écoute ce qui se passe dans la pièce où il se trouve, il imite les gestes que l'on fait devant lui et il répète inlassablement ceux que l'on approuve affectueusement.

Chaque enfant enregistre très tôt au cours de son existence une multitude d'expériences diverses. Il n'est d'ailleurs pas étonnant que des enfants qui évoluent dans des univers sonores, visuels et gestuels différents se développent chacun à leur façon : les uns actualisent leurs potentialités tandis que les autres demeurent bien en deçà de leurs possibilités. Et c'est justement à ce niveau que peuvent intervenir les parents en proposant à leur enfant un univers à la fois riche en stimulations et bien adapté à ses besoins. Mais cela ne suffit pas encore ! En effet, si l'enfant a besoin d'explorer et de se confronter à l'univers, il a également besoin du regard d'un adulte posé sur lui pour profiter pleinement de toutes ses découvertes. Ce regard en est un d'encouragement constant à devenir le petit explorateur qui commence à émerger de l'enfant vers l'âge de 8 ou 9 mois.

6

Pistes de réflexion

Retour aux exercices

Vous avez pratiqué de petites expériences et fait les différents exercices relatifs à « l'âge de la confiance » dont la liste suit :

Complétez maintenant votre auto-évaluation et revenez, si nécessaire, à l'un ou l'autre des exercices proposés.

AUTO-ÉVALUATION

	Un peu (1 pt)		Moyennement (5 pts)		Beaucoup (10 pts)	
	M	P	M	P	M	P
J'avais des attentes et des désirs envers mon enfant pendant la grossesse	☐	☐	☐	☐	☐	☐
Pendant la grossesse, j'étais optimiste la plupart du temps	☐	☐	☐	☐	☐	☐
Je maîtrisais mes craintes à l'égard de la santé de mon enfant	☐	☐	☐	☐	☐	☐
Je maîtrisais mes doutes concernant ma compétence parentale	☐	☐	☐	☐	☐	☐
J'étais calme et serein(e) pendant la grossesse (peu de cauchemars, pas d'idées obsédantes et peu de problèmes physiques)	☐	☐	☐	☐	☐	☐
L'accouchement a été une expérience positive	☐	☐	☐	☐	☐	☐
Les personnes qui m'entouraient étaient chaleureuses et positives	☐	☐	☐	☐	☐	☐
J'ai pu toucher mon enfant tout de suite	☐	☐	☐	☐	☐	☐
Dans les heures suivant l'accouchement, je lui ai donné des soins	☐	☐	☐	☐	☐	☐
Dans les heures suivant l'accouchement, j'ai eu le temps de prendre contact avec lui	☐	☐	☐	☐	☐	☐
Mon premier contact avec lui a été agréable	☐	☐	☐	☐	☐	☐

(suite)

	Un peu (1 pt)		Moyennement (5 pts)		Beaucoup (10 pts)	
	M	P	M	P	M	P
Ma famille était heureuse de cette naissance	☐	☐	☐	☐	☐	☐
La famille de mon conjoint (ma conjointe) était heureuse de cette naissance	☐	☐	☐	☐	☐	☐
J'ai tout de suite remarqué des ressemblances entre mon bébé et moi ou quelqu'un de ma famille	☐	☐	☐	☐	☐	☐
Mon enfant a un tempérament facile	☐	☐	☐	☐	☐	☐
Son tempérament s'accorde bien avec le mien	☐	☐	☐	☐	☐	☐
Mon enfant a un rythme biologique qui s'harmonise avec le mien	☐	☐	☐	☐	☐	☐
Je parle à mon enfant	☐	☐	☐	☐	☐	☐
J'aime toucher mon enfant	☐	☐	☐	☐	☐	☐
Je connais les besoins de mon enfant	☐	☐	☐	☐	☐	☐
Je cherche à combler mes propres besoins	☐	☐	☐	☐	☐	☐
J'ai commencé à établir des routines stables autour des habitudes alimentaires	☐	☐	☐	☐	☐	☐
J'ai commencé à établir des routines stables autour des habitudes de sommeil	☐	☐	☐	☐	☐	☐
Je me sens en amour avec mon enfant	☐	☐	☐	☐	☐	☐
La venue du bébé a consolidé ma relation avec mon conjoint (ma conjointe)	☐	☐	☐	☐	☐	☐

Total des points

De 175 à 250 points :   Votre enfant a certainement acquis une bonne confiance de base en la vie !

De 100 à 175 points :   Comme la plupart des parents, vous devez continuer à vous ajuster à votre enfant ! N'oubliez pas de ne pas vous oublier !

Moins de 100 points :   Certaines circonstances ou certains problèmes personnels vous empêchent de créer un climat de confiance propice à votre bien-être et à celui de votre enfant. Si le besoin s'en fait sentir, n'hésitez pas à vous faire aider d'une façon ou d'une autre.

II

L'ÂGE DE L'EXPLORATION

de 9 à 18 mois

1

De la confiance à l'exploration

Les progrès de l'enfant

En moins d'une année, l'enfant s'est transformé complètement. Il a triplé son poids, sa taille a augmenté d'un tiers et ses bras ainsi que ses jambes se sont assouplis. Ses doigts et ses orteils s'agitent, griffent, palpent et attrapent. Sa colonne vertébrale s'affermit, se redresse et commence à se galber au creux des reins.

Couché à plat ventre, l'enfant parvient peu à peu à soulever ou à redresser la tête. Il apprend ensuite à se maintenir assis en s'appuyant sur ses bras. Il se hisse, enfin, sur ses petites jambes en s'agrippant à son parc ou à une chaise. Et il titube, il glisse, il tombe sur les fesses et il recommence sans cesse jusqu'à ce qu'il puisse trouver son équilibre en se tenant debout.

L'enfant, après quelques mois, ne se contente plus d'attendre que les objets arrivent à lui ; il rampe, tantôt sur le ventre, tantôt à quatre pattes, et il se lance résolument à la découverte de l'univers. Entre 9 et 12 mois, il fait des progrès décisifs et il devient capable, notamment, de se reconnaître dans un miroir et de prendre conscience de l'existence indépendante de son corps. Cela l'amène à isoler les uns des autres les objets qu'il voit et à les percevoir, peu à peu, comme ayant une forme stable et invariable.

L'apparition de la marche, après 12 mois, fait acquérir à l'enfant la notion de déplacement des objets les uns par rapport aux autres. Ses propres déplacements deviennent conscients. L'espace s'étend maintenant à tout son champ visuel. Il situe de mieux en mieux son corps dans cet espace et il prend conscience de son existence propre vers 18 mois.

De 9 à 18 mois, le jeu de l'exploration est une activité essentielle qui permet à l'enfant de découvrir l'univers, de développer ses fonctions intellectuelles, son affectivité et aussi de se socialiser. L'évolution et le développement de l'enfant se font grâce aux nombreux contacts qu'il établit avec les objets et les personnes de son entourage ainsi qu'aux différentes situations auxquelles il se trouve confronté.

En explorant, l'enfant multiplie les contacts avec ce qui l'entoure et il crée des situations qui lui permettent de se situer. L'exploration active, au cours de laquelle l'enfant manipule des objets et exprime ses émotions, son insécurité, ses volontés et sa confiance en lui, constitue une phase importante pour son équilibre psychique.

L'enfant utilise trois grands outils pour explorer et maîtriser l'univers; ses sens d'abord, puis ses muscles et, enfin, la parole. Au cours de ses premiers mois de vie, il commence à palper, à griffer, à gratter, à saisir et il s'exerce à agir sur les objets. L'environnement est un univers à toucher. Il apprend peu à peu à se tenir debout, à faire ses premiers pas et il élargit par la même occasion l'espace de ses explorations. Il peut dorénavant circuler tout seul, découvrir des objets qui le stimulent et s'en approcher. Pas à pas, il expérimente la liberté qu'accorde la capacité de bouger et de se déplacer.

La parole est une acquisition encore plus merveilleuse. Dès 8 ou 9 mois, le bébé comprend, en effet, le sens de certains mots sans être capable encore de les utiliser lui-même. Il se fait encore comprendre par des gestes et des mimiques de toutes sortes.

À partir du premier mot qu'il acquiert en général vers l'âge de 11 mois, l'enfant comprend de mieux en mieux le langage des adultes même s'il n'a lui-même que très peu de mots à sa disposition. Mais chacun d'eux est un « mot phrase » qui équivaut à une longue phrase. Vers 18 mois, l'enfant sait déjà utiliser plus d'une dizaine de mots. Il est en mesure d'exécuter deux consignes différentes et très simples à la suite et il est capable de reconnaître des images. L'enfant qui parle commence ainsi à se libérer d'un univers clos et limité à son champ perceptif. Par la connaissance du mot, il peut enfin nommer l'objet de son désir.

Le petit explorateur veut jouer

Le jeu permet à l'enfant de satisfaire son besoin de bouger et de se mouvoir ou, autrement dit, son besoin d'activité motrice et de dépense d'énergie physique.

L'enfant a besoin de remuer, de marcher et de courir et le jeu lui permet souvent d'organiser toutes ces activités qui sont initialement désordonnées.

Outre une dépense substantielle d'énergie physique, le jeu permet également à l'enfant d'affiner son adresse motrice, de se délier les doigts et d'acquérir certains automatismes moteurs qui seront nécessaires à son développement ultérieur. Qu'on pense, par exemple, aux jeux de construction dont la complexité augmente avec l'âge et qui permettent à l'enfant d'accroître ses habiletés manuelles.

Le jeu permet aussi de développer l'intelligence du tout-petit et va lui servir de base à des activités d'imagination et de création. Mais il faut que le jouet, surtout chez le jeune enfant, offre des possibilités de combinaisons diverses. Le petit explorateur peut alors choisir librement et expérimenter à son gré. À l'opposé, un jouet trop complexe ou trop «technique» risque d'enlever à l'enfant toute initiative et de le confiner à la passivité.

Exercice n° 1 :
J'observe l'intérêt de mon enfant pour les objets

Dans un premier temps, faites l'exercice individuellement, puis échangez avec votre partenaire

- Qu'est-ce qu'un jeu, selon vous, à l'âge de l'exploration ?

- Votre enfant joue-t-il ?

  Si oui, à quoi ?

Présentez à votre enfant ces divers objets et observez ses réactions.

	Apathique	Un peu intéressé	Moyennement intéressé	Très intéressé
Une poupée	☐	☐	☐	☐
Un toutou	☐	☐	☐	☐
Un ballon de couleur	☐	☐	☐	☐
Des tissus de toutes les couleurs	☐	☐	☐	☐
Des ustensiles	☐	☐	☐	☐
Des boîtes de conserve	☐	☐	☐	☐
Des plats de différentes grandeurs	☐	☐	☐	☐
Des jouets qui roulent	☐	☐	☐	☐
Des livres plastifiés	☐	☐	☐	☐
Des cubes	☐	☐	☐	☐
Des balles	☐	☐	☐	☐
Des boîtes	☐	☐	☐	☐
Des crayons de cire	☐	☐	☐	☐
Des jeux dits « éducatifs »	☐	☐	☐	☐

- Quels sont les objets qui ont intéressé le plus votre enfant ?

Le degré d'intérêt pour les objets varie d'un enfant à l'autre selon son tempérament. Les parents peuvent stimuler leur enfant mais sans le harceler. L'important, c'est de vivre du plaisir ensemble.

Le désir de jouer permet également à l'enfant de satisfaire différents besoins affectifs. L'animal en peluche et la poupée lui procurent, au coucher et durant la nuit, un sentiment de sécurité et peuvent aussi servir de cibles à l'expression de son mécontentement et de sa frustration. Ces jouets deviendront plus tard les confidents du petit explorateur ou les témoins éblouis de ses prouesses !

Le jeu impose des limites et confronte l'enfant à des règles et à des lois qu'il aura à comprendre plus tard et auxquelles il aura à se conformer. L'enfant apprend à mieux contrôler ses gestes, ses muscles, sa coordination visuomotrice et son corps en général ; il apprend aussi à maîtriser ses impulsions tout en s'habituant peu à peu à vivre différentes frustrations. Le petit explorateur est persévérant et rien ne peut freiner son élan, ni un moment d'insuccès ni un instant de colère.

Enfin, le jeu stimule ses ressources intellectuelles et sensorielles. En jouant, il apprend à observer, à développer son attention en intensité et en durée, et il commence, peu à peu, à agir en fonction d'un but immédiat. La mémoire et la conscience de soi sont également mises à contribution dans les situations de jeu.

Jusqu'à la fin de sa première année, le petit explorateur joue en remuant et en « testant » les différentes parties de son corps : il s'assoit dans son lit ou il s'agrippe aux barreaux de son parc pour essayer de se mettre debout. Les meilleurs jouets sont ceux qui stimulent cette activité motrice et qui l'incitent à bouger et à se mouvoir. L'ours en peluche et la poupée deviennent aussi des compagnons favoris et indispensables.

Lorsque l'enfant commence à marcher, les jeux deviennent plus nombreux et plus variés car il a acquis une plus grande coordination motrice. Peu à peu, l'enfant commence aussi à participer à son habillement et il devient capable de lancer des objets loin de lui. Il traîne ou il pousse des chariots et des animaux qui sont montés sur des roulettes, il aime jouer au ballon et à la balle et il adore renverser des blocs ou des quilles. C'est également l'âge où il apprécie beaucoup les jeux d'eau et de sable.

À 15 mois, l'enfant marche seul et grimpe l'escalier à quatre pattes. Il fait ses demandes avec des gestes et il boit sans aide dans une tasse qui comporte un bec. À 18 mois, il commence à courir et à monter les escaliers si quelqu'un le soutient et il s'intéresse de façon bien particulière aux ballons et aux balles de couleur.

Exercice n° 2 :
J'observe les comportements de mon enfant en l'absence de jouets

Dans un premier temps, faites l'exercice individuellement, puis échangez avec votre partenaire.

- Que fait votre enfant lorsqu'il n'a pas de jouet autour de lui ?

  Il pleure   ☐

  Il exerce les parties de son corps   ☐

  Il crie   ☐

  Il babille   ☐

  Il se repose   ☐

  Il observe   ☐

  Il cherche à expérimenter   ☐

- Votre enfant peut-il s'amuser seul en votre présence ?

Il est important de donner de l'attention à l'enfant mais il est tout aussi important qu'il puisse jouer seul, que vous soyez présent ou non.

Le petit explorateur veut communiquer

Les mots sont des moyens d'exprimer et de communiquer à autrui ce que l'on désire, ce que l'on ressent ou ce que l'on pense. Mais, à cet âge, la parole est loin d'être le seul moyen de se faire entendre et comprendre par l'autre. En fait, le langage n'est pas uniquement verbal ; il est surtout gestuel, écrit ou dessiné. Il recouvre donc tout ce qui permet à l'enfant (mots, sons et gestes) de communiquer avec des personnes de son entourage qui comprennent ces signaux et qui sont elles aussi en mesure de les utiliser.

Le désir de communiquer représente une nouvelle manifestation sociale d'importance chez l'enfant et le langage s'élabore progressivement grâce à ses nombreux échanges avec son environnement. Le langage est un moyen d'adaptation supplémentaire que le tout-petit tente d'explorer et de maîtriser sans relâche.

Entre la naissance et l'âge de 9 ou 10 mois, le langage de l'enfant n'est constitué que d'interactions non verbales qui laissent présager l'apparition du langage parlé. Durant cette période, l'enfant a une compréhension des gestes et des mots qui est souvent en avance sur sa capacité d'expression.

Cependant, dès 9 ou 10 mois, il commence à saisir le sens de certains mots sans être capable, toutefois, de les prononcer ni de les employer lui-même. L'enfant dit des « papa » et des « maman » qui sont sans signification précise. Mais il comprend son nom et il saisit l'interdiction « non ». Il est aussi en mesure de répéter, en les déformant, les mots suggérés par l'entourage. Il peut facilement imiter certains gestes signifiant « Bravo, Bonjour, Au revoir, Merci ».

Vers la fin de sa première année, l'enfant a la possibilité de dire deux ou trois mots qui ont maintenant une signification précise (« Papa », « Maman » et un ou deux autres mots). Il est également capable de reproduire un geste qui a intéressé l'adulte.

Puis, à 15 mois, l'enfant est capable de prononcer cinq ou six mots mais il en comprend bien davantage. Rendu à 18 mois, il double son vocabulaire qui passe à une dizaine de mots et il exécute à la suite deux consignes différentes (par exemple, « Arrête, viens ici ! »). Il est même en mesure de reconnaître les images qui l'intéressent dans un livre.

Ainsi, au fil des expériences, l'enfant se soumet peu à peu au langage organisé de son entourage. Il s'y adapte tant bien que mal, créant un « langage d'actes » où le sens est lié à la situation, aux gestes et aux mimiques qui l'accompagnent.

Le petit explorateur accepte de jouer avec les adultes et associe de mieux en mieux certains sons à certains gestes. Progressivement, l'enfant enrichit son vocabulaire qui atteint bientôt quelques dizaines de mots en même temps qu'il apprend à saisir le sens de presque tout ce qu'on lui dit. Ainsi, lorsque papa lui demande d'apporter son ours en peluche qui est caché sous le fauteuil, l'enfant n'hésite pas et va rapidement le chercher.

On peut dire que l'enfant développe une capacité de compréhension du langage qui est d'autant plus grande que ses parents, dès la naissance, ont pris l'habitude de parler devant lui et de lui décrire leurs gestes.

En conclusion, il convient de se rappeler que les enfants ne se développent pas tous au même rythme. Certains observent et écoutent longtemps avant de parler. Il y en a d'autres, au contraire, qui babillent beaucoup et qui prennent plaisir à expérimenter les sons. Il reste que tous les enfants apprennent mieux le langage lorsqu'on leur parle beaucoup et lorsqu'on attend que leurs demandes soient exprimées verbalement.

Exercice n° 3 :
J'observe le langage de mon enfant

Dans un premier temps, faites l'exercice individuellement, puis échangez avec votre partenaire.

- Parlez-vous souvent à votre enfant ?

- Est-ce qu'il réagit à votre langage ?

- Comprend-il les consignes que vous lui donnez ?
  Donnez-lui les consignes suivantes et observez ses réactions.
    « Arrête ! Viens ici ! »
    « Regarde-moi ! Viens voir maman (ou papa) ! »

« Donne à maman (ou à papa) ! »
« Veux-tu un bec ? »

- Utilise-t-il beaucoup d'onomatopées (Boum, Pouf, Chut) ?

- Utilise-t-il des mots-phrases (« Toutou » pour « donne-moi le toutou », « lolo » pour « j'ai soif » ou « donne-moi de l'eau », « bébé » pour « regarde le bébé ») ?

Jusqu'à 18 mois, c'est surtout la compréhension du langage qui s'amorce. Il ne faut donc pas s'inquiéter si l'enfant utilise peu de mots mais comprend tout de même les consignes simples et concrètes.

Le petit explorateur veut prendre ses distances

On se réfère, lorsqu'on parle de l'âge de l'exploration, à la motricité de l'enfant qui se développe graduellement tout le long des premiers mois de sa vie et qui s'actualise à une vitesse vertigineuse à compter de l'âge de 9 ou 10 mois. L'enfant se fait entraîner à distance de sa mère par son besoin irrésistible d'explorer et d'acquérir les habiletés qui vont lui permettre de fonctionner de façon autonome. L'univers le stimule et l'incite à tendre les mains, à saisir, à ramper et à découvrir. L'enfant ressent le besoin intense de « s'exercer » et de maîtriser l'environnement.

L'équilibre demeure toutefois fragile entre, d'une part, le besoin d'explorer et de tout connaître et, d'autre part, la conscience qu'a l'enfant du lien vital qui le relie à sa mère. Cette dualité est à la base de l'évolution de l'enfant et la mère doit commencer à adopter une nouvelle attitude face à son petit explorateur. Elle doit favoriser et encourager la distanciation de l'enfant tout en faisant en sorte que cela n'entre pas en conflit avec son besoin de sécurité.

L'exploration, en effet, ne comporte pas de danger pour l'enfant aussi longtemps que sa mère est disponible. Il sait exactement où elle est et il revient vers elle dès qu'il en ressent un besoin pressant. Graduellement, il peut s'éloigner de plus en plus souvent et de plus en plus longtemps, se contentant d'aller vérifier sa présence de temps à autre.

Le petit explorateur prend rapidement conscience, toutefois, que les adultes sont plus souvent des contrôleurs que des complices. Il se met donc à résister lorsqu'on fait les choses à sa place, comme le nourrir, l'habiller ou l'aider à monter l'escalier. Il n'est jamais tranquille, il se sauve, il rampe, il lance sa nourriture et il se met en colère. Il explore, de cette façon, les limites de son propre pouvoir et celles de son contrôle personnel. Il est donc important qu'il agisse à l'intérieur de limites réalistes définies par les parents. Cette possibilité d'agir et de contrôler va lui permettre de prendre peu à peu de l'autonomie et de construire un sentiment de compétence et d'estime de soi.

L'âge de l'exploration atteint un sommet lorsque l'enfant se met à marcher. Doté de cette nouvelle capacité, il contrôle plus que jamais la distance qui le sépare de sa mère. Si celle-ci s'est montrée confiante, fière et admirative de ses prouesses et de ses progrès, le petit marcheur se sent sûr de lui et triomphe. Il n'attend que d'être applaudi pour tous ses exploits! Il est sans peur et tout devient prétexte à risquer. Il ne faut pas oublier que l'enfant n'est pas conscient du danger et que c'est durant cette période qu'il y a le plus d'accidents qui se produisent. Le monde entier lui appartient et est à sa disposition. C'est pour cette raison qu'il grimpe toujours trop haut, qu'il saute rapidement à l'eau, qu'il s'éloigne furtivement de l'adulte au centre commercial et qu'il dérègle le téléviseur.

Exercice n° 4 :
J'observe mes réactions devant les explorations de mon enfant

- Quelle est votre première réaction lorsque votre enfant explore et expérimente quelque chose de nouveau ?

	M	P
Réaction d'inquiétude (« Attention ! »)	☐	☐
Réaction d'encouragement (« Bravo ! »)	☐	☐
Réaction de colère (« Je t'ai dit de t'enlever de là ! »)	☐	☐
Réaction de soutien (« Tu veux un chaudron, prends-en un ! »)	☐	☐
Autre réaction	☐	☐

- Quelle est habituellement votre première réaction lorsque :

Votre enfant court dans la maison

M _____

P _____

Votre enfant grimpe

M _____

P _____

Votre enfant joue avec le téléviseur

M _____

P _____

Votre enfant fouille

M _____

P _____

Votre enfant éparpille ses jouets

M _____

P _____

Votre enfant joue avec ses selles

M

P

Votre enfant se masturbe

M

P

Votre enfant joue avec ses aliments

M

P

(Questions complémentaires)

- Comment protégez-vous votre enfant contre sa propre témérité tout en étant complice de son désir d'exploration ?

- Quels sont les risques calculés que vous laissez prendre à votre enfant de moins de 18 mois ?

- Y a-t-il dans la maison un espace où l'enfant peut faire ses explorations en toute sécurité ?

- Sinon, est-il possible de créer un tel espace ?
  De quelle façon ?

Il est naturel que l'enfant de cet âge multiplie les initiatives, y compris celles qui sont parfois dangereuses. Il faut donc être vigilant pour le protéger des dangers tout en lui fournissant des occasions d'expérimenter à son aise dans un cadre sécuritaire.

Dès qu'il a acquis la marche, le petit explorateur se préoccupe beaucoup moins de la distance qui le sépare de sa maman ou de son papa. Il s'attend tout simplement à ce qu'ils soient là, comme par magie, au moment où il a besoin d'eux. Étant donné qu'il investit beaucoup d'énergie au niveau de son corps et de ses prouesses, il ressent moins d'insécurité par rapport aux allées et venues de sa mère car il a l'espoir, magique ou naïf, qu'elle sera toujours là lorsqu'il aura besoin d'elle. L'enfant a intériorisé le sens de sa présence sécurisante et aimante et c'est cela qui lui sert d'assise pour construire une solide conscience de soi.

L'enfant, dès l'âge de l'exploration, a besoin de vivre de petites séparations de ses parents et particulièrement de sa mère. Celles-ci doivent se faire graduellement et à doses supportables, de manière à ce que l'enfant puisse développer et exercer sa conscience de soi. Chaque enfant est unique et la dose supportable varie dans chaque cas. L'essentiel, c'est que l'enfant se sente suffisamment en confiance et en sécurité là où il est pour ressentir le désir d'explorer, de s'exercer et d'apprendre.

2

De la confiance des parents
à la confiance des enfants

Remarquer et encourager ses initiatives

Si l'on en croit les spécialistes, la plupart des comportements humains sont acquis et développés grâce à l'encouragement reçu par l'environnement. Il est donc important que l'enfant sente l'approbation de ses parents ou des membres de sa famille chaque fois qu'il prend des initiatives.

La réalité n'est pourtant pas simple pour les parents car l'enfant, en assouvissant son désir d'explorer et de comprendre, leur fait passer de durs moments. Il touche à tout, il renverse des choses, il salit et il s'empare de tout ce qui lui tombe sous la main. Il n'est évidemment pas question de le laisser transformer la maison en chantier de construction sous prétexte qu'il doit s'exprimer. Il y a donc lieu, quand c'est possible, de lui faire un espace bien à lui où il pourra explorer, agir et s'exercer à son gré.

Proposer des activités à sa mesure

Pour assouvir sa curiosité, le petit explorateur ne se limite pas à observer les phénomènes. Lorsqu'il veut réellement découvrir quelque chose, il se dépense sans compter. Sa tâche l'absorbe et il répète vingt fois les mêmes gestes pour résoudre le problème qui se pose à lui. La réussite de son expérience lui procure de la fierté, de la confiance en lui et le désir de s'attaquer bientôt à un défi plus complexe.

Il peut arriver que l'enfant n'ait pas encore développé les habiletés suffisantes pour réussir une activité. Il se met alors en colère ou il éclate en sanglots et s'interrompt. Cet échec n'a pas d'importance en soi. L'enfant reviendra à ce jeu dès qu'il s'en sentira capable.

Toutefois, si les parents montrent à l'enfant qu'ils sont déçus par son manque d'habileté ou s'ils insistent trop pour qu'il poursuive son jeu, il y a risque que le petit explorateur se décourage, se bute et refuse systématiquement de faire ce type d'exercices ou de pratiquer d'autres activités qui pourraient le conduire à un nouvel échec.

Il importe que les parents ne proposent à leur enfant que des jeux qui correspondent à son niveau de développement intellectuel et moteur. Ceux-ci doivent être variés et comporter une nouvelle difficulté qu'il a une chance réelle de maîtriser.

Applaudir à ses réussites

L'attitude des parents exerce une influence déterminante sur le développement et le comportement de l'enfant. De nombreuses recherches démontrent que les enfants qui se sentent soutenus par leurs parents apprennent rapidement parce qu'ils disposent d'une bonne dose de confiance en eux. Au contraire, ceux qui sont ou qui se sentent constamment critiqués, jugés ou comparés à d'autres se replient sur eux-mêmes, font preuve d'insécurité et développent une peur permanente de l'échec.

Un enfant qui s'efforce de bien faire et dont on applaudit les réussites est valorisé et se sent « capable ». Les parents doivent réaliser également que les erreurs et les échecs de l'enfant favorisent ses apprentissages. Il doivent donc stimuler son désir de se reprendre et de trouver la solution à son problème.

Exercice n° 5 :
J'observe les activités de mon enfant
et j'évalue les encouragements que je lui donne

L'attention des parents doit être centrée davantage sur les efforts fournis par l'enfant plutôt que sur les résultats obtenus. Il faut résister à la « bonne vieille habitude » négative de mettre l'emphase sur les oublis, les erreurs et les échecs et insister sur la bonne volonté et sur la persévérance. Vouloir et persister, cela ne va pas de soi !

Activité de l'enfant	Encouragement des parents					
	Un peu		Moyennement		Beaucoup	
	M	P	M	P	M	P
Courir et grimper	☐	☐	☐	☐	☐	☐
Tenter de parler	☐	☐	☐	☐	☐	☐
Transvider des liquides	☐	☐	☐	☐	☐	☐
Construire des tours avec des blocs	☐	☐	☐	☐	☐	☐
Chercher à aider dans la maison	☐	☐	☐	☐	☐	☐
Jouer avec des plats, des cuillères et des objets familiers	☐	☐	☐	☐	☐	☐
Chercher à atteindre des objets hors de sa portée	☐	☐	☐	☐	☐	☐

(Questions complémentaires)

- Estimez-vous qu'il est important que votre enfant fasse des explorations ?

- Laissez-vous votre enfant fouiller à sa guise ?

- Aimez-vous observer votre enfant lorsqu'il fouille ?

- Éprouvez-vous de la satisfaction lorsque votre enfant fait une nouvelle découverte ?

- Manifestez-vous votre joie lorsque l'enfant fait un nouvel apprentissage ?

- Craignez-vous que votre enfant se blesse pendant ses explorations ?

- Craignez-vous que votre enfant s'empoisonne pendant ses explorations ?

- Craignez-vous que votre enfant crée du désordre au cours de ses explorations ?

- Craignez-vous que votre enfant se salisse ou salisse la pièce au cours de ses explorations ?

En encourageant l'enfant dans ses initiatives, vous l'aidez à développer une curiosité dans l'action qui évoluera vers une curiosité plus intellectuelle.

Démontrer sa confiance envers lui

Les parents qui ont confiance en leur enfant ont tendance à percevoir davantage ses progrès, ses réussites et ses efforts et, en même temps, à se montrer plus tolérants devant ses limites, ses erreurs et ses échecs.

Cette attitude stimule, encourage et donne confiance à l'enfant qui s'adonne à ses explorations avec plus d'intensité parce qu'il perçoit autour de lui des témoins amicaux. Cela l'aide à être plus détendu lorsqu'il fait des apprentissages et, éventuellement, à devenir plus efficace.

Au contraire, lorsque les parents doutent des capacités et des habiletés de leur enfant, ils freinent ses initiatives et sa créativité. Cette attitude l'empêche de s'exprimer et d'intérioriser la confiance en soi. Elle risque également de bloquer son développement en lui suggérant subtilement l'échec. Si, par exemple, vous dites à l'enfant «Je te l'avais bien dit, on ne fait pas ça de cette façon !», cela peut l'amener à accorder plus d'importance à l'échec qu'au plaisir d'agir.

Évaluer sa propre confiance en soi

La confiance, c'est contagieux ! Les parents qui sont capables d'initiatives ont tendance à encourager celles de leur enfant tout en les gardant à l'intérieur de limites raisonnables qui sont liées à l'âge et au développement.

Exercice n° 6 :
J'évalue ma propre confiance en moi

Dans un premier temps, faites l'exercice individuellement, puis échangez avec votre partenaire.

- Y a-t-il plusieurs domaines de connaissance et d'habiletés qui vous intéressent ?

- Aimez-vous relever de nouveaux défis ?

- Aimez-vous entreprendre de nouvelles activités ?

- Cherchez-vous des occasions pour faire de nouveaux apprentissages ?

- Avez-vous confiance en vos capacités avant d'entreprendre une nouvelle tâche ?

- En accomplissant une nouvelle tâche, vous sentez-vous, la plupart du temps, à la hauteur de la situation ?

- Avez-vous l'impression de faire de nouveaux apprentissages ?

- Faites-vous preuve de persévérance lorsque vous rencontrez une difficulté ?

- Ressentez-vous de la fierté à la suite d'un nouvel apprentissage ?

- De façon générale, avez-vous le sentiment d'être apprécié(e) par les autres ?

Il est important de prendre conscience que nos réactions, face aux initiatives de nos enfants, sont influencées par nos propres attitudes à l'égard des défis personnels que nous avons à relever.

L'aider à agir seul

En réprimant le désir de distanciation et d'indépendance de l'enfant, comme en lui refusant la possibilité de faire des activités nouvelles et plus risquées, les parents limitent passablement les capacités du petit explorateur de s'affirmer et de devenir autonome. Cette attitude négative va lui nuire beaucoup lorsque, par exemple, il ira à la garderie et qu'il devra se débrouiller seul. Il aura peine à s'affirmer, son désir de mesurer ses capacités sera amoindri et il sera malheureusement incapable de faire preuve de persévérance. Or, cela est important lorsqu'on a 15 ou 18 mois et qu'on veut attraper une balle ; il faut entraîner ses doigts à une série de gestes minutieux qu'il est bien difficile de réussir du premier coup. C'est en répétant des expériences que l'enfant comprend qu'apprendre et obtenir ce que l'on veut nécessite un minimum de moyens, d'efforts et de temps.

Il ne faut toutefois pas tomber dans l'excès contraire et demander au petit explorateur plus que ce qu'il peut accomplir. Les parents doivent tenir compte de son niveau de développement et de l'ensemble de sa maturation et éviter de se laisser séduire par des approches miracles ou par des « apprentissages précoces » qui sont le plus souvent centrés davantage sur les acquisitions que sur l'enfant lui-même. L'important n'est pas de faire de l'enfant un «petit savant» mais de l'accompagner dans son développement au moyen d'activités joyeuses et simples qu'il pourra lui-même apprendre à maîtriser.

Exercice n° 7:
Les parents et le désir de performance

Dans un premier temps, faites l'exercice individuellement, puis échangez avec votre partenaire.

- Consultez-vous régulièrement des livres pour vérifier le niveau de développement de votre enfant?

- Y a-t-il, dans votre parenté, des enfants qui ont l'âge du vôtre?

- Cherchez-vous à les comparer avec votre enfant?

- Ressentez-vous plus d'anxiété ou de stress lorsque vous le faites?

- Avez-vous l'impression que votre enfant est en retard sur les autres? Pourquoi?

- Avez-vous l'impression qu'il est en avance sur les autres? Pourquoi?

- Achetez-vous régulièrement des jeux éducatifs pour votre enfant?

- Avez-vous tendance à acheter des jeux conçus pour des enfants plus âgés que le vôtre?

- Avez-vous du plaisir avec votre enfant lorsque vous l'aidez à réaliser des activités qui sont relativement simples et faciles?

Le plaisir dans les jeux et dans la découverte de nouveaux moyens d'action assure davantage la qualité des apprentissages qu'un entraînement trop précoce. La course à la performance génère du stress parce qu'elle brusque le rythme du développement naturel du tout-petit.

Créer un climat de sécurité

Les parents oublient parfois que l'enfant a besoin de vivre en harmonie avec eux pour se sentir en sécurité et évoluer. Le petit explorateur circule dans un univers qui n'est pas à sa taille. Un univers «géant» auquel il meurt d'envie de se mesurer mais qui lui fait aussi très peur. S'il sent vraiment que ses parents veillent sur lui à distance et lui indiquent les dangers qu'il court, il sera beaucoup plus confiant pour aller faire ses découvertes.

L'enfant qui n'est jamais confronté à des limites parentales risque de s'affoler et d'agir impulsivement. Ses explorations vont devenir très risquées et le placer souvent dans des situations périlleuses. Dans les faits, il va devenir de plus en plus téméraire parce qu'il est probablement et inconsciemment à la recherche d'une réaction d'attention de la part de ses parents. Il veut aussi s'assurer, par sa façon excessive d'agir, qu'il est aimé et que l'on s'intéresse à lui. À l'inverse, sous prétexte ne pas le «gâter» ou de le faire obéir, on peut contraindre l'enfant ou le harceler par des recommandations perpétuelles; cette attitude n'est pas plus profitable.

Chaque petit explorateur évolue selon un rythme qui lui est personnel et qu'il faut respecter. Dans sa marche vers l'affirmation et l'autonomie, il lui est indispensable d'être en mesure de résister à une consigne, d'exprimer son mécontentement et, pourquoi pas, de transgresser certains interdits parentaux.

Être un modèle

Nombre de psychologues et d'éducateurs estiment que l'imitation, dès les premiers mois de la vie, joue un rôle prépondérant dans l'évolution affective, sociale, intellectuelle et morale de l'enfant.

L'enfant va d'abord imiter les mouvements des mains et les gestes de ses parents. Il en va de même des premiers sons qu'il va émettre et des premiers mots qu'il va dire. Mais il adopte aussi les comportements, les intérêts et les attitudes des personnes qu'il aime et qu'il admire.

Ainsi, vivant à proximité de parents confiants, persévérants, capables d'initiatives et qui peuvent être à la fois fermes et tolérants, l'enfant va développer plus facilement sa curiosité et intérioriser plus fidèlement leurs comportements et leurs attitudes.

3

De la confiance
à la connaissance pratique

Un développement qui s'accélère

Grâce à la continuité des soins qu'il reçoit dans des espaces qui sont stables, le bébé, rendu à l'âge de 9 ou 10 mois, intègre un sentiment de sécurité et de confiance à l'égard des personnes qui s'occupent de lui. La mère, le père, la fratrie et la gardienne sont les sources de sa sécurité et l'amènent progressivement à avoir confiance en ses propres capacités et à s'ouvrir au monde.

Les objets qui meublent l'environnement du tout-petit captent davantage son attention et sa curiosité. Cette ouverture au monde ambiant l'amène à sélectionner et à convoiter des objets en particulier. On observe alors une première coordination des actions dans ses tentatives pour atteindre un but. Par exemple, le bébé, désirant atteindre une plante dans le salon, va ramper et, si un objet gêne son passage, il le déplacera pour poursuivre sa route vers la plante (but). Il peut également s'agripper à un fauteuil et se mettre en position debout (moyen) pour atteindre un objet (but) qu'on a laissé sur un fauteuil.

Exercice n° 8:
J'observe mon enfant qui cherche à atteindre un but

Faites ensemble cette expérience avec votre bébé.

- Placez-vous à environ deux mètres de lui;

- attirez son attention en lui montrant et en faisant bouger une petite balle rouge;

- placez une boîte de carton entre la balle et lui et observez ses actions;

- il est possible qu'il s'arrête quelques secondes au niveau de la boîte pour la manipuler ou la regarder mais, si vous attirez à nouveau son attention en faisant bouger la balle, il va déplacer la boîte (moyen) pour atteindre la balle (but).

L'enfant fait des associations ou des liens pratiques entre des moyens et des buts et déploie toutes les stratégies possibles pour atteindre son but.

Grâce aux soins qu'on lui prodigue et aux multiples stimulations sensorielles qu'on lui fait vivre, le bébé développe de plus en plus ses capacités intellectuelles. Auparavant, lorsqu'on cachait sous ses yeux un objet dans une boîte, il considérait que l'objet n'existait plus parce qu'il ne le voyait plus. Maintenant, lorsqu'on dissimule devant lui une petite balle sous une boîte de carton, il va s'emparer immédiatement de la boîte pour la retourner et trouver la balle. Mais si, quelques instants plus tard, on cache la balle ailleurs, il va continuer à la rechercher sous la boîte. L'objet est identifié à un espace précis; c'est ce qu'on appelle la position privilégiée.

Exercice n° 9:
J'observe mon enfant qui cherche un objet disparu sous ses yeux

Faites ensemble cette expérience et observez les conduites du tout-petit.

- Placez une débarbouillette de couleur rouge et une autre de couleur bleue près de l'enfant;
- dissimulez devant lui un objet qui l'intéresse sous la débarbouillette rouge;
- le bébé va enlever aussitôt la débarbouillette rouge pour s'emparer de l'objet;
- répétez cette expérience deux ou trois fois;
- sous les yeux de l'enfant, cachez ensuite l'objet sous la débarbouillette bleue;
- vous allez constater que l'enfant va chercher l'objet sous la débarbouillette rouge même s'il a vu que vous le mettiez sous la bleue.

Tout se passe, à cet âge, comme si l'enfant se disait: « L'objet ne se trouve pas là où je l'ai vu disparaître la dernière fois, mais bien à l'endroit où je l'ai trouvé les premières fois. » On peut également traduire son activité intellectuelle par la phrase suivante: « Si cet espace (celui de la débarbouillette rouge) m'a déjà permis de trouver l'objet, celui-ci s'y trouve encore. » L'objet qu'il convoite est associé ou identifié à un espace précis.

Cette conduite se manifeste également avec les personnes. Le bébé qui quitte la cuisine où se trouve sa mère, va venir vérifier à quelques reprises si elle est toujours à cet endroit. Mais s'il voit sa mère quitter la cuisine et s'en aller dans une autre pièce, il va quand même venir la chercher dans la cuisine. Il ne la trouvera pas comme il s'y attend et il se mettra probablement à pleurer. Son sentiment de sécurité est fragile et il n'a pas encore intégré la croyance en la permanence des objets et des personnes lorsque ceux-ci changent d'endroit même si cela se fait sous ses yeux.

Les capacités intellectuelles de l'enfant ont évolué ainsi que ses habiletés motrices. Il a aussi acquis la marche. Il manifeste beaucoup d'intérêt pour tout ce qui est nouveau et sa dépendance à l'égard des adultes est moindre. Fortement attiré par des espaces plus vastes et, surtout, par des objets qui n'étaient pas à sa portée jusque-là, il se transforme en explorateur consciencieux. Tout l'intéresse et le captive, même l'objet le plus banal. Levé tôt le matin, il a un programme d'activités qui est très chargé.

Exercice n° 10:
J'observe les expérimentations de mon enfant

Faites cette expérience ensemble.

- Placez un chaudron et une cuillère de bois devant l'enfant qui est assis par terre. Regardez ses yeux qui sont fixés sur ces objets et qui en disent long sur les plaisirs qu'il anticipe;
- notez ensuite le nombre impressionnant d'actions qu'il va exécuter sur les deux objets ou sur chacun d'eux individuellement.

L'enfant découvre qu'il peut faire plusieurs actions sur le même objet et que cet objet possède plusieurs propriétés. Par exemple, installé dans sa chaise haute, il se rend compte qu'une carotte cuite peut être roulée, aplatie ou émiettée. C'est l'âge où il se salit facilement au cours de ses expérimentations et où on doit le sortir de sa chaise haute en le tenant du bout des doigts.

Cette joie frénétique de découvrir et d'expérimenter tout ce qui est nouveau amène parfois l'enfant à explorer les endroits les plus insolites et, par exemple, à mettre en désordre le bas des armoires de la cuisine. Il se rend compte qu'on peut faire rouler un chaudron, frapper dessus, le renverser et finalement s'en servir comme chapeau. Il est très important de lui permettre de concrétiser cette curiosité car cela l'amènera à développer sa curiosité intellectuelle vers l'âge de 4 ou 5 ans. Il convient, par contre, de ne lui laisser explorer que des endroits qui ne sont pas dangereux. En effet, les grands centres pédiatriques constatent que ce sont les enfants de cet âge qui risquent le plus de se blesser ou de s'empoisonner.

Le petit explorateur procède par tâtonnements. S'il cherche, par exemple, à atteindre un bibelot qui est posé sur une table et hors de sa portée, il va essayer de le rejoindre en passant par un côté de la table ; ne pouvant y parvenir, il tentera de passer par un autre côté. En face d'un nouvel échec, il y a fort à parier qu'il va se mettre à remuer la table pour faire tomber le bibelot. Ces tâtonnements, faits d'essais et d'erreurs, vont se multiplier au fur et à mesure des expériences qu'il va tenter.

Durant cette période, le petit explorateur découvre l'outil, c'est-à-dire l'utilisation d'un objet intermédiaire entre sa main et l'objet qu'il désire.

Exercice n° 11 :
J'observe mon enfant qui utilise un outil

Faites ensemble cette expérience avec votre enfant.

- Déposez sur la table un jouet qui l'intéresse ;
- au moment où vous le voyez tendre vainement les bras vers le jouet convoité, donnez-lui un bâton ;
- il est fort possible qu'il s'en serve et qu'il parvienne, en tâtonnant, à faire tomber le jouet.

On peut également imaginer qu'il convoite le pot de fleurs qui se trouve au milieu de la table, donc hors de sa portée, et qu'il découvre en même temps qu'il est posé sur une nappe; il tire alors sur la nappe pour approcher le pot. Comme il lui arrive souvent de ne pas bien contrôler ses gestes, le pot de fleurs risque fort de se briser sur le plancher. Il peut s'agir aussi d'une lampe aux couleurs invitantes qu'il remarque dans le salon. Encore là, elle est hors d'atteinte, mais il s'aperçoit qu'un fil relie la lampe au mur. Et c'est très souvent une fin de carrière pour la lampe! Les parents réagissent parfois à de telles expérimentations par des «Non» ou par des «Touche pas» percutants. Et il arrive que le bébé les regarde alors avec un air ahuri; c'est sa façon de leur dire qu'il ne comprend pas leur énervement quand il s'adonne à des activités qu'il juge légitimes et anodines.

Graduellement, l'enfant parvient à croire qu'un objet existe toujours même si on le déplace sous ses yeux. Mais il ne tient pas compte encore des déplacements invisibles de cet objet. En d'autres mots, il ne croit pas encore à la permanence d'un objet qui disparaît sous ses yeux. Par exemple, il fait rouler une balle sous un fauteuil et, à son insu, elle continue de rouler plus loin sous un buffet. Le petit cherche la balle sous le fauteuil, soit à l'endroit où il l'a vue disparaître. Ne la trouvant pas, il cesse sa recherche. Pour lui, la balle est disparue.

Exercice n° 12 :
J'observe mon enfant qui recherche un objet disparu à son insu

Faites cette expérience ensemble.

- Placez deux débarbouillettes, l'une rouge et l'autre bleue, près de l'enfant;
- dissimulez devant lui un trousseau de clés sous la débarbouillette rouge;
- glissez votre main sous cette débarbouillette et saisissez les clés en refermant votre main pour que l'enfant ne puisse les voir;

- glissez ensuite votre main qui renferme les clés sous la débarbouillette bleue ;
- laissez tomber les clés sous cette débarbouillette sans que l'enfant puisse les voir ou les entendre ;
- l'enfant va chercher d'emblée les clés sous la débarbouillette rouge et, ne les trouvant pas, il va cesser sa recherche. Pour lui, les clés ont disparu.

L'enfant de cet âge ne tient donc pas compte des déplacements invisibles des objets aussi bien que des personnes. Il est intéressant de remarquer ce qui se passe dans la situation suivante : vous êtes au salon pendant que l'enfant est occupé à jouer dans une autre pièce. Il vient au salon à quelques reprises pour vérifier votre présence. À un moment donné, vous quittez le salon à son insu. Revenant au salon pour s'assurer de votre présence, l'enfant risque de paniquer car, pour lui, vous êtes disparu.

L'appréciation de l'espace

L'âge de l'exploration est celui de la découverte des différentes perspectives de l'objet. On remarque, à cet égard, que lorsqu'on présente à l'enfant un biberon à l'envers, il n'hésite pas à le retourner pour retrouver la tétine ; le changement de position du biberon n'est plus perçu comme un changement de forme. De la même façon, le bébé n'imagine plus que le biberon est de grandeur ou de volume inférieur s'il est éloigné de lui ; il comprend que la diminution perceptive de l'objet est relative à la distance qui le sépare de cet objet. L'enfant acquiert donc une perception plus objective de l'espace qu'il occupe. Il prend conscience, par exemple, que lorsqu'il déplace sa tête, il s'ensuit des changements de forme et de position des objets. Il découvre peu à peu que ces changements sont relatifs à l'endroit où il se trouve et à ses mouvements et que les objets peuvent bouger les uns par rapport aux autres indépendamment de ses propres actions.

L'enfant de cet âge en vient à percevoir que son corps est un élément parmi d'autres dans l'espace et il commence ainsi à construire son image corporelle. Les contacts corporels qu'il a avec ses parents et les objets de même que les différents stimuli spatiaux qui se produisent durant ses explorations l'amènent à différencier son corps de celui des personnes ou des objets qui composent son environnement. L'enfant apprend peu à peu que son corps est unique et qu'il fait partie, avec d'autres objets et personnes, d'un ensemble spatial. Ce changement est très important. Il suffit de rappeler, pour s'en convaincre, que l'enfant, au cours des mois antérieurs, ne percevait l'existence des différentes parties de son corps que lorsqu'elles bougeaient ou qu'elles étaient stimulées et qu'il ne les voyait pas comme des parties intégrées et permanentes de son corps.

Cette nouvelle conscience s'acquiert par les tentatives que fait l'enfant de se séparer de ses parents et par ses expérimentations, en particulier par celle des espaces proches et lointains: porter les objets d'un endroit à l'autre, les éloigner ou les rapprocher (conduite qui s'applique aussi aux personnes), les laisser tomber ou les jeter par terre pour les ramasser. Il s'individualise par la séparation qui sc joue en premier lieu dans l'espace. Le petit explorateur expérimente simultanément la proximité relationnelle avec ses parents et des gestes de détachement, en alternant espaces proches et espaces lointains.

L'appréciation du temps

La stabilité dans les soins qu'on prodigue à l'enfant et la régularité des moments de vie (repas, sommeil, siestes et bains à heures fixes) amènent l'enfant à percevoir le temps de façon plus objective. On sait qu'une perception objective du temps suppose une synthèse entre ces deux composantes que sont la succession et la durée. L'enfant prend donc conscience, par conditionnement, qu'il vit une succession régulière de moments de vie et il en vient même à prévoir à court terme un moment familier. Il comprend, par exemple, qu'il va bientôt manger lorsqu'il voit sa mère préparer un plat. La régularité l'amène à enregistrer et à prévoir à court terme des séquences d'événements, ce qui lui permet de percevoir et de supporter une durée entre ses désirs et leur satisfaction. L'enfant sait, par expérience, que ses parents sont fiables et dignes de confiance, et ce sentiment lui permet de supporter la frustration d'une attente.

L'enfant de cet âge vit le temps présent. Mais sa nouvelle capacité d'attente, même si ce n'est que pour de courts moments, commence à lui permettre, quoique de façon limitée, d'envisager le futur. Il en vient à comprendre de façon pratique, grâce à sa plus grande ouverture sur le monde, que la succession des moments de la vie et que la durée qui existe entre ses désirs et leur satisfaction sont indépendantes de ses propres actions et de ses propres souhaits. On assiste alors à un premier déclin de l'omnipotence de l'enfant. Il se produit également une distanciation entre sa personne et le monde extérieur qui l'amène à découvrir et connaître les réalités de son environnement. C'est pourquoi il est devenu un petit explorateur.

4

De la confiance à la témérité

L'âge de l'exploration est, pour le bébé et ses parents, celui des grandes émotions. Le tout-petit devient graduellement un enfant avec ses exigences, ses contradictions, ses désirs propres et ses goûts. Il lui arrive de paniquer lorsque sa mère change de pièce tout comme il se sent parfois tout-puissant et complètement à l'abri du danger. C'est la période pendant laquelle les parents doivent avoir « des yeux tout le tour de la tête ».

Cet âge est également celui de l'hypersensibilité. L'enfant devient le baromètre des tensions familiales et on sait toujours, en le regardant, si le temps est au beau fixe ou à l'orage !

L'âge des premières épreuves de force aussi, car l'enfant vient de faire une découverte fantastique. Il peut mettre ses parents en colère, refuser un aliment, réclamer maman puis la repousser, réclamer papa pour le renvoyer ensuite. En fait, il vient de découvrir le plaisir de décider.

Mais il est tout petit et un si grand pouvoir l'effraie. Il se sent donc rassuré lorsque ses parents lui mettent des limites claires et ne cèdent pas à ses crises de colère. Il a besoin de parents aux nerfs d'acier. C'est le moment où les parents « modernes », qui s'étaient promis que l'unique base de leurs relations avec l'enfant serait le dialogue et l'amour, s'interrogent sur la nécessité d'instaurer une discipline. Or, pour nombre d'adultes qui ont connu une enfance très sévère, ce mot a une connotation péjorative et ils préfèrent parler d'« encadrement ». Quel que soit le vocabulaire qu'on utilise, la réalité reste la même. L'enfant a besoin d'être protégé contre sa propre témérité et il comprend très bien les interdits simples du genre : « Touche pas », « Chaud », « Viens ici », « Non, pas là ». Il ne sert à rien, d'autre part, de passer la journée à lui donner des tapes sur les doigts parce qu'il touche à des bibelots précieux. Il est préférable de les ranger pour quelques mois.

Les routines déjà établies deviennent plus difficiles à maintenir. L'enfant veut manger seul, il refuse des mets nouveaux, il repousse ce qu'il aimait auparavant et il préfère s'amuser avec les aliments plutôt que de les manger. Vers 9 ou 10 mois, c'est souvent la crise à l'heure du dodo. L'enfant, au cours de cette période, craint de se séparer de la personne dont dépend sa sécurité ; il a peur lorsqu'il se retrouve seul et il a besoin d'un objet pour le rassurer, que ce soit un toutou, une couverture ou un biberon. Cet objet représente pour lui sa mère bien-aimée. Les parents qui ne tolèrent pas que leur enfant pleure ont tendance à projeter sur lui leurs propres inquiétudes : « il se sent abandonné », « il va penser que je ne l'aime plus », « je suis égoïste », etc. En fait, un enfant doit apprendre graduellement à faire face aux émotions difficiles qui nous suivent toute la vie. Il doit réaliser qu'il a des moyens pour se rassurer et se calmer. Il y a des enfants qui, à ce chapitre, sont plus difficiles que d'autres; ils doivent être encouragés à découvrir une façon personnelle de se défendre.

De nos jours, quelque 67 p. cent des mères travaillent à l'extérieur de la maison, au moins à temps partiel, et l'enfant est gardé soit à la maison soit en garderie. Dans la mesure du possible, il est recommandé de ne pas commencer un système de garde lorsque l'enfant est âgé de 8 ou 9 mois ou de ne pas changer celui qui est en place. Il s'agit, en effet, d'un âge de transition qui est marqué par l'angoisse de la séparation. L'enfant a alors conscience des différences fondamentales qu'il y a entre sa mère, son père, sa fratrie et les « étrangers » et il peut paniquer si on le laisse entre les mains de personnes qu'il ne connaît pas. Il est déjà si difficile pour lui de se séparer des personnes qu'il aime !

Matière à réflexion

Si bébé panique, il faut voir la détresse de maman lorsqu'elle laisse son enfant à la garderie et qu'il est en pleine crise de larmes ! Je me souviens de la première fois où j'ai laissé mon aîné à la garderie alors qu'il criait «Maman» à fendre l'âme ! J'ai eu besoin de tout le trajet jusqu'au bureau pour refouler mes larmes et me raisonner. J'étais littéralement déchirée entre le désir d'être avec mon enfant et celui de mener ma vie professionnelle. Le père qui va conduire son enfant à la garderie ressent également un malaise réel; mais il est rare qu'il se demande s'il doit quitter son emploi !

L'âge de l'exploration est celui de la séparation. Si les parents perçoivent les nouvelles exigences de l'enfant comme étant des menaces ou des provocations, ils auront tendance à devenir plus rigides et l'enfant s'opposera à eux de façon plus intense. Si les parents, d'autre part, préfèrent que leur bébé demeure un « tout-petit », ils réagiront mal à ses nouvelles initiatives et son développement en sera ralenti. Enfin, si les parents ont trop hâte de voir grandir leur enfant, ils auront de la difficulté à le laisser redevenir « petit » par moments.

5

Attitudes parentales

Connaître sa propre façon d'être

L'âge de l'exploration est une période d'activités intenses pour l'enfant, même si cela varie selon le tempérament de chacun. Il est probable que des parents actifs et curieux auront une grande complicité avec lui. Mais tout parent qui est conscient de sa propre façon d'être et qui comprend l'importance de cette phase de développement sera en mesure d'accepter le remue-ménage de l'enfant, de l'encourager à la découverte et de l'encadrer sans le limiter.

Il arrive souvent que le père soit très heureux de voir son enfant devenir plus actif. Il aime le tenir fermement, le lancer dans les airs, courir à sa suite, etc. Le père s'intéresse plus directement à l'enfant de cet âge et cela revêt une grande importance. En effet, l'intérêt marqué du père permet à l'enfant de se séparer un peu plus de sa mère pour accéder à une plus grande autonomie. Des recherches ont démontré que le père, à cet âge-là, joue deux fois plus souvent avec son garçon qu'avec sa fille et que le garçon, à 18 mois, imite plus son père que ne le fait la fille.

Cette période du développement est une période critique pour la mère qui ressent et qui vit l'anxiété de la séparation. La mère qui est très dépendante de son conjoint ou de sa propre famille sera certainement plus «proche» de son enfant et elle éprouvera de la difficulté à le laisser s'éloigner d'elle.

Exercice n° 13 :
Les parents et l'âge de l'exploration- I

Diriez-vous que l'âge de l'exploration (de 9 à 18 mois) est :

	Mère	Père
- la période du développement de l'enfant que vous préférez	☐	☐
- une période que vous avez hâte de voir passer	☐	☐
- la période que vous aimez le moins	☐	☐
- une période que vous aimez mais sans plus	☐	☐

Exercice n° 14:
Les parents et l'âge de l'exploration- II

Dans un premier temps, faites l'exercice individuellement, puis échangez avec votre partenaire.

Remplissez le tableau suivant.

Activité de l'enfant	Réaction spontanée du parent	Autre réaction possible
Il crie pour atteindre un objet		
Il réclame votre présence pour marcher		
Il lance sa nourriture		
Il veut prendre sa tasse		
Il exige son biberon		
Il refuse de se coucher		
Il rampe ou il court vers les plantes		
Il veut fouiller dans les armoires		
Il pleure lorsque vous changez de pièce		
Il aime faire du bruit		
Il refuse de rester assis pendant deux minutes		
Il met ses doigts dans les prises de courant		
Il arrache les feuilles de votre revue		
Il vous suit à la toilette		
Autre		

Exercice n° 15 :
Les parents et l'âge de l'exploration- III

Faites votre autoportrait en vous situant quant à vos niveaux d'activité, d'initiative et de curiosité.

Niveau d'activité	M	P	Niveau d'initiative	M	P	Niveau de curiosité	M	P
Très actif	☐	☐	Fonceur	☐	☐	Très curieux	☐	☐
Actif par moments	☐	☐	Décidé dans certains domaines	☐	☐	Curieux dans certains domaines	☐	☐
Peu actif	☐	☐	Peu décidé	☐	☐	Parfois curieux	☐	☐
Passif	☐	☐	Rarement décidé	☐	☐	Peu intéressé par la nouveauté	☐	☐

(Questions complémentaires)

- Demandez à vos propres parents, si cela est possible, comment vous étiez à cet âge-là.

- Demandez à vos parents et à votre fratrie comment ils réagissaient à vos activités et à votre curiosité ?

- Croyez-vous que leurs attitudes a eu un impact sur votre niveau d'activité, d'initiative et de curiosité ? Pourquoi et de quelle façon ?

Les routines quotidiennes

Le sommeil

Il est important de créer un rituel du coucher qui sécurise l'enfant sans créer toutefois une dépendance qui serait difficile à défaire. Ainsi, il faut éviter de donner le sein ou le biberon à l'enfant et de le bercer juste au moment de le mettre au lit. Un enfant qui s'endort avec son biberon et qui a été longuement bercé aura besoin, s'il se réveille durant la nuit, du même rituel pour se rassurer et se rendormir. Il est préférable de le nourrir et de le bercer 30 minutes avant l'heure du coucher. S'il s'endort seul après les caresses d'usage, il sera capable, s'il se réveille, de se rendormir seul.

Que faire concrètement si l'enfant se réveille souvent la nuit et qu'il pleure pour alerter ses parents? On peut se lever, le recoucher en le rassurant mais sans le prendre et sans rester longtemps. Et on lui dit le plus calmement possible avant de quitter sa chambre : « Dodo, c'est la nuit, je suis juste à côté, on se verra demain. » L'enfant va décoder l'émotion sans comprendre pour autant le sens précis de la phrase. Il ne faut pas oublier non plus de créer des conditions favorables à l'endormissement et au sommeil : régularité dans l'horaire, calme ambiant et noirceur sont nécessaires. Il faut tenir compte, enfin, que certains enfants ont une plus grande activité motrice que d'autres et qu'ils éprouvent plus de difficultés à se calmer et à se préparer au sommeil.

On fait un très beau cadeau à son enfant lorsqu'on lui permet d'acquérir de bonnes habitudes de sommeil !

Exercice n° 16:
Le sommeil des parents

	Jamais M P	Parfois M P	Souvent M P
Avez-vous un sommeil léger?	☐ ☐	☐ ☐	☐ ☐
Êtes-vous une personne anxieuse?	☐ ☐	☐ ☐	☐ ☐
La nuit, répondez-vous immédiatement à l'appel de votre enfant?	☐ ☐	☐ ☐	☐ ☐
Craignez-vous que votre enfant soit traumatisé ou qu'il se sente abandonné si vous ne le prenez pas dans votre lit la nuit?	☐ ☐	☐ ☐	☐ ☐
Vous-même, avez-vous des problèmes de sommeil?	☐ ☐	☐ ☐	☐ ☐

Exercice n° 17:
Le sommeil de l'enfant

	Jamais M P	Parfois M P	Souvent M P
Votre enfant accepte-t-il d'aller au lit?	☐ ☐	☐ ☐	☐ ☐
Votre enfant peut-il rester calmement dans son lit un certain temps avant de s'endormir?	☐ ☐	☐ ☐	☐ ☐
Votre enfant dort-il seul?	☐ ☐	☐ ☐	☐ ☐
Votre enfant se réveille-t-il la nuit?	☐ ☐	☐ ☐	☐ ☐
Votre enfant fait-il une crise lorsqu'il se réveille?	☐ ☐	☐ ☐	☐ ☐
Réclame-t-il un boire?	☐ ☐	☐ ☐	☐ ☐
Réclame-t-il votre présence?	☐ ☐	☐ ☐	☐ ☐

Pour bien dormir, il faut être capable de s'abandonner et de se séparer. Un parent qui a des problèmes de sommeil est rapidement inquiet lorsque son enfant n'arrive pas à dormir.

L'alimentation

Une période de moindre appétit peut survenir à l'âge de l'exploration. L'enfant est souvent trop occupé à découvrir le monde pour manger et cela peut être à l'origine d'un conflit parents-enfant autour de la nourriture. Il faut faire confiance à la vie et éviter de le harceler avec cette question. Un enfant ne se laissera pas mourir de faim à moins d'être en dépression profonde, c'est-à-dire abandonné ou gravement privé de soins et d'affection.

Chaque enfant a ses propres goûts mais a aussi tendance à imiter les autres enfants davantage que les adultes. Il y en a certains qui aiment manger des légumes à la garderie mais qui refusent de le faire à la maison. Les parents ne doivent pas interpréter cette attitude comme un caprice ou comme un rejet.

Il ne faut pas oublier, enfin, qu'il est fréquent que les enfants réagissent au stress par des troubles alimentaires ou de sommeil et qu'à peu près un tiers de leurs vomissements sont inexpliqués mais sans gravité.

On fait un autre très beau cadeau à son enfant lorsque les repas sont des moments de fête, de détente et de plaisir et cela lui permet de s'adapter graduellement aux habitudes alimentaires de sa famille.

Exercice n° 18 :
L'alimentation des parents

	Jamais M P	Parfois M P	Souvent M P
Vous êtes une personne gourmande	☐ ☐	☐ ☐	☐ ☐
Vous avez déjà souffert d'anorexie	☐ ☐	☐ ☐	☐ ☐
Vous avez déjà souffert d'obésité	☐ ☐	☐ ☐	☐ ☐
Vous vous sentez rejeté lorsque votre enfant refuse votre nourriture	☐ ☐	☐ ☐	☐ ☐
Vous vous inquiétez au sujet de son alimentation	☐ ☐	☐ ☐	☐ ☐

Exercice n° 19 :
L'alimentation de l'enfant

	Oui M P	Non M P
Votre enfant aime tout	☐ ☐	☐ ☐
Votre enfant a des goûts bien marqués	☐ ☐	☐ ☐
Votre enfant aime jouer avec ses aliments	☐ ☐	☐ ☐
Votre enfant aime lancer ses aliments	☐ ☐	☐ ☐
Votre enfant refuse de manger	☐ ☐	☐ ☐
Votre enfant aime sa tasse	☐ ☐	☐ ☐
Votre enfant réclame le sein ou le biberon	☐ ☐	☐ ☐
Votre enfant aime manger en même temps que la famille	☐ ☐	☐ ☐
Votre enfant régurgite sa nourriture	☐ ☐	☐ ☐
Votre enfant refuse une ou des catégories d'aliments	☐ ☐	☐ ☐
Votre enfant maigrit	☐ ☐	☐ ☐
Votre enfant est très gras	☐ ☐	☐ ☐

Il ne faut rien dramatiser lorsqu'un enfant éprouve temporairement des difficultés autour de l'alimentation. Il faut respecter ses goûts tout en l'invitant régulièrement à essayer des mets nouveaux.

Matière à réflexion

Dernièrement, je suis allée manger chez un ami qui a une petite fille de 10 mois, une magnifique petite chouette calme et souriante. Elle était très à l'aise durant le repas. Elle avait de la nourriture dans les cheveux et les deux mains dans sa purée de pomme de terre; elle recrachait aussi des morceaux de carottes qui allaient atterrir dans les poils de son gros chien. Son père ainsi que la gardienne ne faisaient aucune pression sur elle pour qu'elle mange telle ou telle chose! Le repas terminé, elle s'est amusée avec des riens avant d'être finalement mise au lit. On l'a entendue babiller pendant un certain temps et, ensuite, plus rien; elle s'était endormie. J'ai pensé, en retournant chez moi, que ce scénario idyllique n'était peut-être pas quotidien et que j'étais sûrement tombée sur une bonne journée! Mais cette soirée m'a rappelé beaucoup de souvenirs!

◆ ◆ ◆

Petit lutin enchanté

Comme la lune qui tourne autour de la terre

Parfois si proche du mystère

Lumineuse et diffuse

Toi, tu tournes autour de ta mère

Jouant de l'ombre et de la lumière

Jamais tout à fait disparu!

Comme la terre qui tourne autour du soleil

Saisons éternelles, saisons sans pareil

Jeux constants du cycle de la vie

Toi, tu tournes comme un lutin enchanté

Autour de ton univers, de ta fée

Sans jamais pouvoir t'arrêter

Petit astronaute attaché à ton vaisseau spatial

Tu crains l'espace sidéral

Malgré ton désir intense et nouveau

De quitter le vaisseau

Petit explorateur insatiable

Tu égrènes la vie comme le sable

Qui mesure le temps qui passe

Et moi, de te regarder, jamais je ne me lasse!

(D. L.)

L'âge de l'exploration est l'âge de l'insécurité et l'enfant devient très exigeant envers ses parents. Il s'attache à différentes personnes, il les sollicite puis il les repousse. Il demande sans cesse de nouvelles stimulations mais il veut conserver en même temps ses privilèges de bébé.

Le petit explorateur est difficile à suivre mais merveilleux à observer et à vivre. Il découvre l'univers et tout un monde d'objets, de personnes et de possibilités de communiquer. Il apprend à s'habiller, à manger, à se coucher et à jouer. Il commence à parler, à imiter, à réclamer et à prendre mais il a encore beaucoup de difficulté à donner. Sa créativité concrète est en plein essor et il faut surtout lui permettre d'en faire preuve!

6

Pistes de réflexion

Retour aux exercices

Vous avez pratiqué de petites expériences et fait les différents exercices relatifs à «l'âge de l'exploration» dont la liste suit:

Complétez maintenant votre auto-évaluation et revenez, si nécessaire, à l'un ou l'autre des exercices proposés.

AUTO-ÉVALUATION

	Un peu (1 pt)		Moyennement (5 pts)		Beaucoup (10 pts)	
	M	P	M	P	M	P
J'encourage mon enfant à se déplacer seul	☐	☐	☐	☐	☐	☐
Je le stimule à agripper des objets	☐	☐	☐	☐	☐	☐
Je l'encourage à se promener avec des objets	☐	☐	☐	☐	☐	☐
Je le stimule à aimer la nouveauté	☐	☐	☐	☐	☐	☐
J'accepte qu'il joue avec ses aliments	☐	☐	☐	☐	☐	☐
Je l'encourage à répéter certains mots	☐	☐	☐	☐	☐	☐
Je l'encourage à produire des sons pour son plaisir	☐	☐	☐	☐	☐	☐
J'accepte qu'il se fasse comprendre par des gestes	☐	☐	☐	☐	☐	☐
Je comprends qu'il ait peur des étrangers	☐	☐	☐	☐	☐	☐
Je comprends qu'il pleure lorsque je le laisse	☐	☐	☐	☐	☐	☐
Je comprends qu'il accepte mal que je le quitte	☐	☐	☐	☐	☐	☐
Je l'encourage à être très curieux	☐	☐	☐	☐	☐	☐
Je l'encourage à se reconnaître dans le miroir	☐	☐	☐	☐	☐	☐
Je l'encourage à utiliser un objet pour en atteindre un autre	☐	☐	☐	☐	☐	☐

(suite)

	Un peu (1 pt)		Moyennement (5 pts)		Beaucoup (10 pts)	
	M	P	M	P	M	P
Je comprends qu'il manque parfois de sécurité	☐	☐	☐	☐	☐	☐
Je l'encourage à jouer avec mon conjoint (ma conjointe)	☐	☐	☐	☐	☐	☐
Je l'aide à bien dormir	☐	☐	☐	☐	☐	☐
Je l'encourage à transporter un peu partout son objet préféré	☐	☐	☐	☐	☐	☐
Je l'encourage à exécuter des ordres simples	☐	☐	☐	☐	☐	☐
J'accepte qu'il ait un certain pouvoir sur moi	☐	☐	☐	☐	☐	☐

Total des points

De 175 à 250 points :	Votre petit explorateur a certainement beaucoup de plaisir. Et vous aussi !
De 100 à 175 points :	Votre « petite tornade » vous en fait voir de toutes les couleurs mais, en règle générale, vous la regardez aller avec un petit sourire de satisfaction.
Moins de 80 points :	Cette période du développement vous épuise et vous déconcerte. Faites attention de ne pas empêcher votre enfant de faire ses explorations. Sa curiosité future est en jeu !

III

L'ÂGE
DE L'AFFIRMATION

de 18 à 36 mois

1

De l'exploration à l'autonomie

Une expérience vitale d'adaptation mutuelle

Le petit explorateur se transforme de jour en jour et son développement se manifeste dans les domaines affectif, intellectuel, comportemental et social. Fort de la réussite de sa relation affective avec ses parents au cours des 18 premiers mois, il va maintenant se lancer à la conquête de son autonomie, développer ses rapports avec les autres et poursuivre son activité exploratrice.

Dans les mois qui viennent de s'écouler, les explorations ont permis à l'enfant d'améliorer sensiblement son langage gestuel et verbal et d'affirmer son corps. De plus, il a fait l'acquisition de nouvelles connaissances et, par le développement de son intelligence, il a pris davantage conscience de sa valeur, ce qui n'a pas manqué d'avoir une influence déterminante sur son évolution affective et sociale.

Au cours de la période qui débute, l'organisation de la personnalité de l'enfant va être centrée surtout sur l'entraînement à la propreté de même que sur l'apprentissage des exigences, des limitations et des interdits parentaux. Les parents, en effet, commencent à formuler leurs premières exigences relatives à la propreté lorsque l'enfant a entre 18 et 24 mois. Celui-ci, pour sa part, découvre à la fois les plaisirs liés à l'émission ou à la rétention des matières fécales et le déplaisir de se soumettre aux exigences parentales selon une routine et un horaire qui lui sont imposés.

L'attitude qu'adoptent les parents au cours de cette expérience d'adaptation mutuelle est d'une importance capitale. En effet, il faut qu'ils parviennent à leurs fins sans créer une situation difficile ou traumatisante pour l'enfant. Celui-ci, en effet, doit obtenir suffisamment de compensations affectives pour pouvoir intérioriser sans douleur les nouvelles règles éducatives qui sont formulées. Tout excès d'autorité parentale risque de déclencher un conflit qui peut se traduire chez l'enfant par une attitude de soumission servile ou d'opposition permanente aux exigences qui lui sont faites. L'enfant peut aussi se rendre compte rapidement qu'il détient un important moyen de pression ou de chantage sur ses parents, et la vie familiale peut devenir un véritable champ de bataille autour de l'expérience «pipi-caca».

L'entraînement à la propreté ne doit pas être entrepris avant que l'enfant ait acquis un contrôle suffisant de ses sphincters. Cette expérience de «contrôle» et de «lâcher prise» permet à l'enfant de pratiquer une attitude d'ouverture aux demandes d'autrui. Il apprend à renoncer à une partie de son plaisir au profit des attentes de ses parents qui représentent les règles de la société dans laquelle il sera progressivement appelé à vivre. S'il y a échec dans la relation parents-enfant au cours de cet apprentissage de la propreté, de nombreux conflits vont surgir et se traduire par des entêtements, des attitudes rigides, des refus systématiques d'obéir et par la transgression des interdits parentaux.

Que faire si l'enfant s'oppose et refuse l'entraînement à la propreté? Que faire s'il exprime d'innombrables refus et colères? Les parents doivent éviter de le contraindre ou, à leur tour, de s'opposer à lui. Ils doivent plutôt le laisser exprimer son mécontentement, sa frustration et sa colère tout en faisant preuve de fermeté et de délicatesse dans leurs demandes. Cette attitude, faite à la fois de tolérance et de fermeté, est la seule qui permette à l'enfant de s'affirmer tout en s'adaptant à un cadre de vie défini par l'environnement. Elle met l'enfant en contact avec tous les «possibles» mais aussi avec toutes les «limites» de la réalité. Elle dissipe généralement les diverses formes que prend l'opposition (colère, agressivité, violence, bouderie ou mutisme) et elle favorise l'affirmation de soi et l'autonomie de l'enfant dans un cadre de vie qui est acceptable pour tout le monde.

L'affirmation de soi

Les progrès intellectuels de l'enfant de 18 mois et la prise de conscience de son existence indépendante de celle de ses parents ont pour résultat d'intensifier son activité et d'accroître son besoin d'explorer l'univers. S'il manifeste encore une certaine insécurité lorsqu'il est séparé de ses parents, il n'exprime plus rien de tel lorsqu'il les quitte pour aller jouer ou explorer. Deux attitudes .coexistent donc chez lui: l'une faite de détachement ou d'éloignement et l'autre d'attachement.

L'attitude de détachement est motivée chez l'enfant par un désir de s'affirmer et d'augmenter ses connaissances de l'environnement. Il veut toucher, séparer, rassembler, comprendre les mécanismes des jouets et susciter des réactions chez les personnes de son entourage. Tout ce qui constitue une nouveauté, un changement ou un mystère attire immédiatement son attention et l'invite à s'éloigner un peu plus du regard sécurisant des parents. Pourtant, c'est la sécurité que lui procure la relation affective qu'il a avec ses parents qui lui permet de mener à bien ses petites fugues exploratrices et de s'affirmer en tant que personne distincte et capable d'agir sur l'univers.

De toutes ses recherches et explorations, l'enfant rapporte quantité de connaissances, d'informations et d'acquisitions nouvelles qu'il assimile à ses rapports de plus en plus nombreux et différenciés avec les autres. À l'âge de l'affirmation, on peut parler à la fois de dépendance et d'autonomie chez l'enfant et ces deux attitudes, loin de s'opposer, se complètent et s'influencent l'une l'autre. Il est même possible d'établir un lien étroit entre la sécurité affective que ressent l'enfant et son niveau de compétence. En effet, lorsque l'on demande à un enfant de 2 ans de résoudre certains problèmes, comme de mettre ses bas seul, celui qui a établi une bonne relation affective avec ses parents se montre généralement plus persévérant et plus compétent que celui qui n'a pas réussi à le faire. L'enfant qui possède en lui un sentiment de sécurité accepte davantage l'aide de ses parents lorsqu'il doit réaliser une tâche qu'il ne pourrait surmonter seul de toute façon.

L'autonomie

Vers la fin de sa seconde année, l'enfant entre dans ce que l'on peut appeler la « période d'opposition ». Cette phase est marquée par un refus systématique des exigences des parents. Les « non » qu'il oppose en toutes situations démontrent qu'il a le désir d'être moins dépendant. Son langage s'articule de façon accélérée et les nouvelles activités mentales qui en découlent vont permettre progressivement à l'enfant de se différencier davantage de son entourage. Il se considère comme une personne à part entière, bien distincte des autres et de ses parents en particulier, avec ses désirs propres et un début de volonté ferme de les actualiser. Jusque-là, l'enfant dépendait de son environnement pour la satisfaction de ses besoins et les parents étaient des instruments qui agissaient à sa place. Au fur et à mesure qu'il découvre l'efficacité de son propre pouvoir, il désire de plus en plus agir seul et acquérir son autonomie. À partir de la conviction interne qu'il a d'être plus puissant intérieurement, il forme sa volonté et élabore des actions nouvelles. Il construit donc peu à peu son « Moi ». C'est ainsi qu'à l'âge de l'affirmation l'enfant résiste à la volonté d'autrui tout simplement pour le plaisir de le faire. Il semble défendre un principe plutôt que de chercher à atteindre véritablement un but.

Ce besoin d'affirmation et d'autonomie que manifeste l'enfant entre 18 et 36 mois aura une très grande importance tout au long de sa vie. Si les parents acceptent ce besoin plutôt que de le contrarier, l'enfant développe alors une sensation interne de « pouvoir »; cela se traduit même sur le plan physique par la capacité nouvelle qu'il acquiert de contracter et de décontracter ses sphincters. Il possède alors un certain contrôle sur ce qui lui arrive et sur ce qui se déroule autour de lui. Au contraire, si toutes ses tentatives d'affirmation et d'autonomie sont bloquées ou anéanties par ses parents, l'enfant se sent impuissant et ses actions ne s'inscrivent pas dans une intention d'agir sur l'univers. Il ne contrôle aucune situation et tout ce qui se produit semble être le fruit de la chance, du destin ou du hasard, toutes choses qu'il ne peut vraiment pas maîtriser.

Les débuts de la socialisation

Vers 18 mois, l'attention que le tout-petit accorde aux autres enfants de son âge, ses pairs, dépend largement de la présence ou de l'absence de conflits au sujet de la possession des jouets. En d'autres mots, les jouets servent de liens entre les jeunes enfants. Ceux-ci commencent, entre 18 et 24 mois, à se percevoir comme des compagnons de jeu de plus en plus essentiels et les contacts sociaux se multiplient sans cesse. Ils sont plus capables de tolérer et d'imiter les comportements des autres et de jouer côte à côte même s'ils se disputent souvent au sujet des jouets et s'ils exigent encore fréquemment l'intervention des adultes présents. Entre enfants de cet âge, les jeux deviennent donc plus élaborés.

Les interactions entre enfants du même âge constituent un élément essentiel de l'évolution qui a lieu au cours de la deuxième année de vie. Les rapports avec les pairs favorisent de nouvelles acquisitions et aident l'enfant à délimiter son « Moi » et à se différencier peu à peu des autres. Il peut ainsi commencer à établir une véritable relation affective basée davantage sur l'échange, jouer parfois avec l'autre mais le plus souvent côte à côte et prendre beaucoup de plaisir dans la présence d'autrui. L'enfant exprime également une réelle sympathie pour ses compagnons de jeu et il n'est pas rare de le voir consoler un de ses partenaires ou partager sa peine. Le jeu et les rapports avec les pairs deviennent, à l'âge de l'affirmation, des sources de joie ou de conflit et révèlent, par la même occasion, la vision que l'enfant se fait de lui-même tout autant que les images qu'il a de l'univers.

Le processus de socialisation revêt des caractères qui sont propres à la tradition culturelle dans laquelle un enfant est éduqué. Nombre de spécialistes s'entendent pourtant pour reconnaître qu'il y a des motivations individuelles et sociales qui sont communes à tous les enfants de toutes les cultures.

Matière à réflexion

Ces motivations de base qui favorisent le processus de socialisation sont les suivantes:

- le désir d'être aimé, considéré, reconnu et accepté par les autres;

- le désir de s'épargner le sentiment désagréable qui accompagne, en général, le rejet ou la punition;

- la tendance naturelle à imiter les actions des autres;

- le désir de ressembler à des personnes spécifiques que l'enfant respecte, admire ou aime de façon particulière. Ce désir se manifestera et s'actualisera davantage lorsque l'enfant, vers l'âge de cinq ans, sera engagé dans un processus d'identification.

Au cours du processus de socialisation qui s'amorce avec l'âge de l'affirmation, les réactions des pairs et celles des parents sont d'une importance primordiale pour l'enfant. En effet, le soutien et l'encouragement qu'il reçoit au cours des premières tentatives qu'il fait pour «vivre en société» vont grandement l'aider à se construire une image de soi positive et des compétences réelles en ce qui concerne sa communication avec les autres.

Exercice n° 1:
Les parents et les relations sociales

Les parents sont des modèles pour les enfants. Leurs propres attitudes envers les autres et leurs réactions spontanées aux tentatives de socialisation de leur enfant ont beaucoup d'importance. Les parents, en en prenant conscience, peuvent aider leur enfant à aller vers les autres.

Dans un premier temps, faites l'exercice individuellement, puis échangez avec votre partenaire.

La sociabilité des parents
- Êtes-vous quelqu'un de sociable ?

- Vous liez-vous facilement avec les autres ?

- Désirez-vous que votre enfant vous ressemble dans ce domaine ?

    Pourquoi ?

Les réactions des parents à la vie sociale de l'enfant
- Quelles sont vos premières réactions lorsque votre enfant se trouve avec d'autres enfants ?

	Peu		Moyennement		Beaucoup	
	M	P	M	P	M	P
J'éprouve de la satisfaction	☐	☐	☐	☐	☐	☐
J'éprouve de l'inquiétude	☐	☐	☐	☐	☐	☐
Je pense qu'il va déranger les autres	☐	☐	☐	☐	☐	☐
Je pense que les autres vont le repousser	☐	☐	☐	☐	☐	☐
Je pense qu'il n'est pas prêt à partager	☐	☐	☐	☐	☐	☐
Je pense qu'il va faire sa place	☐	☐	☐	☐	☐	☐
Je pense qu'il va être agressif (taper, mordre, etc.)	☐	☐	☐	☐	☐	☐
Je pense qu'il va être agressé	☐	☐	☐	☐	☐	☐

- Croyez-vous que votre enfant a conscience de vos réactions ?

- Pensez-vous que vos réactions influencent l'attitude de votre enfant envers les autres ?

Pourquoi ?

Les progrès du langage

Si l'enfant parle de plus en plus, c'est qu'il veut exprimer sa pensée à quelqu'un. Il apprend donc à utiliser des mots qui vont lui servir pour décrire des objets ou des événements, poser des questions, raconter des histoires et exprimer ses émotions. Il s'habitue progressivement à parler puis à laisser s'exprimer l'autre sans trop l'interrompre. Il apprend également à se concentrer davantage sur un sujet pour une courte période mais il fait encore beaucoup de coq-à-l'âne.

À partir de 2 ans, l'enfant fait un bond en avant remarquable dans son acquisition du langage. Son vocabulaire s'enrichit et il découvre le verbe qu'il n'utilise cependant qu'en liaison avec un ou deux autres mots comme dans les expressions suivantes : « bébé *veut* pas dodo » ou « papa *venu* camion ». Son langage est infantile et reproduit de façon plus ou moins déformée la phrase adulte. Soulignons qu'il est important que les parents et l'entourage n'utilisent pas ce langage avec l'enfant sous prétexte de se faire mieux comprendre. Ils doivent, au contraire, faire usage d'un langage adéquat pour permettre à l'enfant d'acquérir de nouveaux mots et une plus grande facilité dans l'expression de sa pensée. Il ne faut pas oublier, en effet, que l'enfant de cet âge est fasciné par la parole, qu'il absorbe tout ce qu'il entend et qu'il imite sans arrêt. Les parents doivent donc en profiter pour l'alimenter en mots et en phrases qui vont le faire progresser.

Exercice n° 2 :
Les parents et la communication

Les jeux de communication ne doivent pas devenir des moments de confrontation. L'enfant ne doit pas se sentir forcé de répéter les mots. Le but est de favoriser l'acquisition du langage et non d'obliger l'enfant à parler.

Faites cet exercice ensemble.

Vers 2 ans, un enfant devrait pouvoir identifier et nommer plusieurs parties de son corps. Demandez-lui de le faire.

- Profitez de la période de l'habillement pour « jouer » à nommer les vêtements.

- Profitez de la période des repas pour « jouer » à nommer les aliments et les ustensiles.

- Prenez le temps de regarder avec l'enfant des livres ou des jeux qu'il aime tout en nommant les objets, les animaux et les personnages.

- Si l'enfant vous montre des mots écrits, nommez-lui les lettres et les chiffres. Il ne s'agit pas de lui apprendre à lire mais de favoriser sa curiosité et son désir de nommer.

- Demandez à votre enfant de vous exprimer verbalement ses désirs et ses demandes. Si vous comprenez trop bien son langage non verbal, il n'aura pas souvent l'occasion d'exprimer ses besoins en mots.

L'enfant qui est à l'âge de l'affirmation se gave de mots. Il est avide de nommer tout ce qu'il y a autour de lui. Pendant toute la journée, il regarde des objets et il interroge ses parents ou sa gardienne en disant «Ça?». Par la suite, il répète attentivement le mot nouveau. Lorsqu'il est seul, il commente ses jeux et ses gestes et il construit peu à peu de véritables phrases avec des pronoms, des adjectifs, des verbes et des adverbes. Vers 30 mois, il connaît déjà de 100 à 200 mots alors que, comme adulte, il en maîtrisera de 1500 à 5000. Dès l'âge de 3 ans, tout devient pour lui prétexte à interroger et à questionner et l'entourage doit lui répondre le plus clairement possible sans s'impatienter ni se moquer.

Il importe pour l'enfant que les attitudes de ses parents et des autres personnes de son entourage lui démontrent que son désir de connaître est respecté et même encouragé et qu'il peut lui aussi devenir un « grand ». Si tel est le cas, une compréhension mutuelle et un véritable échange peuvent naître : l'enfant va sentir qu'il peut formuler sans cesse de nouvelles questions et son entourage va lui démontrer qu'il est disposé à répondre à ses innombrables interrogations. L'enfant, de cette façon, va conserver l'envie de s'exprimer et de dialoguer ouvertement avec son entourage.

Il est important, finalement, que l'enfant apprenne le mot exact pour désigner un objet, une action et une personne de même qu'à faire des phrases correctes et adaptées aux situations de la vie quotidienne. Pour y arriver, il suffit, la plupart du temps, de s'adresser à lui comme si l'on s'adressait à un adulte et d'accepter de répondre à toutes les questions que les échanges soulèvent.

Les progrès de la motricité

À l'âge de l'affirmation, l'enfant est sollicité davantage par le monde extérieur. Il acquiert peu à peu de nouvelles capacités motrices qui lui permettent de s'adonner à une expérimentation de plus en plus active. Sa maturation physiologique s'accélère et il est constamment en mouvement : il court, il saute, il rivalise avec d'autres enfants, il manipule les objets et il est bientôt capable de s'habiller seul. Il devient également plus fort, plus rapide et ses mouvements sont plus coordonnés. Ces progrès sont le fruit de son expérimentation continue et d'une attitude parentale qui la favorise et l'encourage.

Vers 2 ans, l'enfant est capable de monter seul un escalier comme il est également en mesure de manger seul à la cuillère. Dès 30 mois, il devient tout à fait capable de descendre seul un escalier. Il sait sauter, marcher sur la pointe des pieds et se tenir debout sur un seul pied pour un court laps de temps. Il possède également les habiletés suffisantes pour procéder à l'assemblage de blocs de type « Lego » et pour bien tenir un crayon entre ses doigts. Finalement, vers 3 ans, il peut monter un escalier comme un adulte, en alternant les pieds, mais il ne peut pas le descendre de cette façon ; il peut également sauter en se tenant les pieds joints et se tenir debout sur un seul pied pendant un long moment.

Ces progrès moteurs témoignent de la maturation continue du système nerveux central de l'enfant. Les parents doivent suivre avec intérêt ce développement neuromoteur afin de pouvoir agir s'il se produit un retard important, c'est-à-dire de plus de six mois. Un retard important peut signifier que l'enfant a un développement plus lent ou anormal. Cela peut également vouloir dire qu'il rencontre une difficulté personnelle et qu'il ne ressent pas le désir de se servir ou d'utiliser adéquatement les « outils » dont il dispose. Il n'y a pas à s'alarmer si l'enfant est en avance ou en retard de six mois ; mais si le retard est de plus de six mois, il convient de consulter un spécialiste.

Entre 18 et 36 mois, il y a peu de différence dans le développement des garçons et des filles. Les garçons sont, en général, un peu plus grands que les filles mais celles-ci, par contre, sont plus avancées du point de vue moteur.

Les progrès de la motricité et le développement physique vont se poursuivre durant toute l'enfance. Des travaux ont démontré, à cet effet, que la valorisation et l'image de soi sont fonction, chez l'enfant, de ses réussites dans les activités physiques et de jeu. L'image de soi que se développe un enfant est aussi tributaire de l'attitude de ses parents et des commentaires de sa famille et de son entourage à son égard.

Exercice n° 3 :
Les parents face à l'enfant qui bouge

- À la maison, est-ce que votre enfant a la possibilité de :

	M	P
monter et descendre des escaliers	☐	☐
grimper sur des fauteuils ou des chaises	☐	☐
courir et sauter	☐	☐
utiliser des crayons, de la pâte à modeler, du papier, etc.	☐	☐
utiliser des blocs, des contenants de plastique, etc.	☐	☐

- S'il y a de ces activités qui ne peuvent se faire à la maison à cause du manque d'espace ou du bruit, est-ce que l'enfant peut les pratiquer ailleurs (dehors, à la garderie, chez des amis, etc.) ?

- Avez-vous des craintes lorsque votre enfant se met à bouger, à courir ou à sauter ?

- Avez-vous tendance à encourager ses initiatives motrices ?

- Êtes-vous porté à encourager ses activités plus tranquilles comme regarder un livre ou dessiner ?

Pourquoi ?

2

Attitudes parentales

Avec le développement du langage et de la marche, l'enfant s'intéresse davantage aux mots, aux images, aux livres et aux jouets, et il attache une attention particulière à ses relations avec les autres. Recherchant les faveurs de son entourage, il réalise bien vite que ses intérêts ne coïncident pas toujours avec ceux de ses parents et des autres membres de la famille. Il sent alors le besoin d'attirer leur attention afin qu'ils accomplissent quelque chose avec lui. Alors qu'il avait besoin de distanciation à l'âge de l'exploration, il cherche maintenant à assurer des interactions ; il transporte ses jouets, il les dépose sur les genoux de ses parents et il tente de les amener à lui lancer le ballon, à lui lire un livre ou, tout simplement, à s'occuper de lui.

L'enfant et sa mère

Le stade de l'autonomie se caractérise également par le fait que l'enfant veut faire les choses par lui-même. Il commence donc à repousser sa mère ou il se met en colère lorsqu'elle veut faire des choses à sa place. Mais il est souvent incapable de savoir ce qu'il veut vraiment et cela le frustre. Il désire alors que sa mère arrange les choses rapidement et il exprime beaucoup d'agressivité à son égard comme si elle était responsable de toutes ses frustrations.

L'âge de l'affirmation est très difficile pour la mère. En effet, elle ne fait jamais ce que l'enfant voudrait qu'elle fasse, et cela, quoi qu'elle fasse ! Il s'offusque parce qu'elle le contrôle ou lui impose des limites et, en même temps, il la suit partout, cherchant à attirer son attention et à se faire prendre. Il faut bien comprendre que le lien entre la mère et l'enfant est encore très intense. En d'autres mots, l'enfant cherche à s'affirmer et à devenir autonome mais il est encore très dépendant de sa mère sur le plan affectif. Il est en mesure d'exprimer ses désirs mais il est incapable de les réaliser par lui-même. Il devient entêté et exigeant. Il est à l'âge des « je veux », « moi », « mien », etc.

L'enfant et son père

L'enfant s'intéresse de plus en plus aux relations sociales et recherche activement la présence de son père, de ses frères et de ses sœurs. Il se met également à imiter les autres plus souvent parce qu'il est devenu plus conscient de leur existence.

Le rôle du père est distinct de celui de la mère et il est très important à cet âge. En effet, le père peut être un véritable partenaire qui appuie l'affirmation et l'autonomie de son enfant et qui le soutient dans son désir de se construire un univers «en dehors de la mère». Si l'enfant a vécu, depuis sa naissance, une bonne relation avec son père et avec d'autres personnes qui l'entourent, il aura plus de facilité à se séparer de sa mère tout en se sentant moins impuissant devant elle ou moins seul lorsqu'elle se trouve à distance.

L'enfant et le pouvoir

La question du «pouvoir» est centrale à l'âge de l'affirmation. C'est la recherche de la puissance qui amène si souvent l'enfant à être entêté, exigeant ou colérique. Les parents qui adoptent des attitudes de tolérance et de fermeté lorsque l'enfant les provoque ou les met à l'épreuve contribuent à l'émergence d'une saine conscience du Moi. L'enfant a besoin de se construire peu à peu un sentiment de pouvoir mais les parents n'ont pas à céder, pour autant, à toutes ses exigences.

Les parents qui réagissent à l'entêtement et à la colère de leur enfant par une attitude semblable ou qui engagent avec lui une «lutte pour le pouvoir» finissent par écraser le sentiment de «contrôle» dont il a absolument besoin pour s'affirmer et devenir autonome. Se sentant coincé, l'enfant va prendre conscience de sa vulnérabilité et de son impuissance et, la plupart du temps, il va se sentir humilié. En apparence, il sera soumis et docile mais il réprimera en lui ses exigences, sa rage et son hostilité. Il craindra d'exprimer ces sentiments et il abdiquera sa capacité d'expression parce que son entourage sera trop puissant.

D'un autre côté, les parents qui se sentent constamment intimidés par les manœuvres de l'enfant ou qui cèdent à toutes ses exigences l'empêchent de devenir «réaliste» face à son propre pouvoir personnel. Ils ont tellement peur de ses colères et de ses comportements qu'ils acceptent n'importe quoi pour éviter ces situations déplaisantes. L'enfant découvre alors qu'il est tellement puissant que personne autour de lui ne peut lui faire face. Son pouvoir s'exerce alors de façon déraisonnable. L'enfant doit donc sentir en lui et autour de lui l'existence d'un cadre qui contient des exigences claires et constantes et qui est animé par des parents à la fois fermes et compréhensifs; en l'absence d'un tel cadre, il va s'approprier tout le pouvoir, tenter d'exercer un contrôle absolu et s'affirmer sans limite.

En résumé, les parents doivent tenter de pratiquer des attitudes qui vont, à la fois, aider l'enfant à acquérir son pouvoir personnel et lui imposer des limites fermes et raisonnables. Il leur incombe de demeurer en dehors de la «lutte pour le pouvoir» dans laquelle l'enfant va vouloir les entraîner et d'éviter de devenir des «parents dominants» ou des «parents victimes». Souplesse et fermeté vont permettre aux parents d'aider leur enfant à consolider son Moi, c'est-à-dire à être «capable», puissant et digne tout en apprenant qu'il ne peut tout obtenir de son entourage ni faire tout ce qu'il désire.

3

De l'exploration
à la pensée symbolique

La représentation mentale

Le petit explorateur, grâce à de multiples expériences pratiques, apprend à découvrir et à maîtriser son univers immédiat. Dorénavant, les moindres recoins de la maison n'ont plus de mystère pour lui. Vers l'âge de 18 mois, il acquiert graduellement une nouvelle capacité qui va lui permettre de faire un bond formidable dans son développement. En effet, il en arrive à croire à l'existence d'un objet connu qui se trouve en dehors de son champ perceptif. Autrement dit, il en vient à prendre conscience qu'un objet existe toujours malgré ses déplacements invisibles. Ainsi, il va continuer à rechercher sa balle même s'il ne la trouve pas à l'endroit où il l'a vue disparaître la dernière fois comme, par exemple, sous un fauteuil ; il est dorénavant convaincu que la balle continue d'exister peu importe l'endroit où elle se trouve. Même s'il ne voit pas d'objets familiers autour de lui, il sait intérieurement qu'ils se trouvent quelque part. car il conserve leur image dans sa tête. L'enfant a acquis la représentation mentale des objets et des personnes. En effet, il sait intérieurement que sa mère et son père sont quelque part même s'il ne les voit pas dans l'instant présent. Cette nouvelle capacité le rassure et lui procure un plus grand sentiment de bien-être. Dorénavant, la relation d'amour qu'il vit avec ses parents ou avec les personnages familiers de son entourage transcende le temps et l'espace.

Grâce à cette capacité de représentation mentale, le jeune enfant est maintenant capable d'imaginer à l'avance des détours ou un itinéraire pour aller à un endroit ou pour atteindre un objet. Par exemple, il prévoit utiliser un petit banc pour se procurer un objet sur le comptoir. Ainsi, s'il est confronté à une clôture alors qu'il veut aller sur le terrain du voisin, il va s'arrêter quelques instants pour trouver la stratégie qui va lui permettre de la contourner. Il réussit à trouver des solutions à ses petits problèmes immédiats grâce à des combinaisons mentales.

Cette nouvelle acquisition lui permet aussi de produire des imitations différées, c'est-à-dire qu'il est devenu capable de reproduire après coup les actions d'une autre personne. Par exemple, il observe son grand-père qui fume la pipe et, le lendemain, en l'absence de ce dernier et au moyen d'un bout de bois qui ressemble à une pipe, il l'imite. L'enfant peut maintenant conserver le souvenir des gestes d'une personne absente.

L'émergence des images mentales lui permet dorénavant d'avoir une photographie interne des objets et de conserver la représentation des actions d'une personne en son absence. Les actions sont intériorisées et il peut maintenant se les représenter mentalement.

Le jeune enfant est au seuil de la pensée symbolique qui va lui ouvrir tout un monde imaginaire et favoriser de multiples apprentissages, notamment dans le domaine des communications orales et écrites. Il est maintenant prêt à s'aventurer dans l'univers des représentations mentales et il va découvrir qu'il s'agit d'un domaine beaucoup plus vaste que celui des actions concrètes et immédiates.

Grâce aux images mentales, l'enfant incorpore les objets et les actions ou, plus simplement, il les met dans sa tête et s'en fait des images. Il accède alors à une nouvelle capacité de symboliser des objets absents. Il devient capable de représenter une chose par une autre.

Exercice n° 4 :
J'observe les jeux symboliques de mon enfant

Voici des exemples de jeux symboliques.

- L'enfant utilise un cube de bois pour symboliser une auto.

- Il met un morceau de tissu dans une boîte à chaussures et il dépose un morceau de bois sur ce tissu. La boîte représente la chambre, le tissu est le lit et le morceau de bois joue le rôle d'une personne couchée.

Essayez maintenant d'observer ensemble d'autres jeux symboliques pratiqués par votre enfant.

Par la représentation mentale, par ses imitations différées et ses jeux symboliques, l'enfant entre de plain-pied dans le monde de l'imaginaire et de la créativité. Alors qu'il cherchait, durant sa première année de vie, à connaître et à apprivoiser le milieu ambiant par ses actions, il tente à présent de maîtriser le monde par des activités symboliques.

Ses jeux symboliques et ses activités de «faire semblant» lui permettent de mieux exprimer ses désirs, ses conflits, ses craintes et ses besoins conscients et inconscients. Il a l'illusion d'apprivoiser et de contrôler le réel à travers des symboles qui le représentent et qu'il transforme au gré de ses fantaisies et de ses désirs du moment.

Exercice n° 5:
J'observe les symboles qu'utilise mon enfant

Voici des exemples de symboles utilisés.

- Un contenant de crème glacée devient une piscine.
- Une boîte de carton représente la maison.
- Un bouton représente une personne qu'il connaît.

Essayez maintenant de trouver ensemble d'autres symboles utilisés par votre enfant.

Ses jeux et ses activités symboliques sont essentiellement égocentriques. Par exemple, lorsqu'un enfant fait semblant de faire la cuisine et qu'il utilise des bouts de papier pour représenter des tranches de pain, il ne tient pas à ce que ses parents comprennent ce qu'il fait ou ce que représentent les bouts de papier. Son souci de communication est très pauvre et, durant ces jeux, il vit dans un monde fermé et séparé de celui des adultes. Il crée une distance avec eux et il est indifférent à leurs tentatives de comprendre ce qu'il fait. Lui seul se comprend et c'est ce qui lui importe.

Les jeux et activités symboliques donnent l'impression à l'enfant qu'il contrôle le monde et qu'il répond à ses désirs et à ses besoins. De là naît un sentiment de toute-puissance car il peut recréer sa vie en y apportant les modifications qu'il souhaite. Il peut aussi résoudre des conflits par la voie symbolique; s'il joue à être sa gardienne, par exemple, on peut avoir une idée du type de relation qu'il a avec elle. Il ne faut pas oublier, enfin, que ces jeux simplifient tout et qu'ils réduisent les êtres et les choses aux désirs personnels et immédiats de l'enfant.

Il arrive que l'enfant se fasse prendre à son propre jeu. Ainsi, il peut lui arriver de confondre l'imaginaire et la réalité et de ressentir des émotions violentes et authentiques (peur, joie, pitié, enthousiasme, colère, etc.) en présence de ses créations imaginaires; comme quelqu'un qui invente un histoire effrayante et qui ressent autant de peur que celui à qui il la raconte. Il peut contrôler les symboles qu'il choisit mais il ne peut pas toujours maîtriser les fantasmes que les symboles véhiculent. Il est donc important que les parents rassurent leur enfant quand il vit des émotions intenses au cours de ses jeux symboliques. Ils doivent l'aider à distinguer l'imaginaire de la réalité comme ils le font à la suite d'un cauchemar.

Le langage oral

Le langage oral est l'un des moyens privilégiés par lequel l'enfant réalise et actualise ses représentations mentales. Avant l'âge de l'affirmation, entre 12 et 16 mois, la base du langage réceptif est établie, c'est-à-dire que l'enfant peut décoder des consignes simples comme «debout», «assis» et «apporte ton verre». Le langage expressif, qui correspond au désir de communiquer, s'amorce maintenant grâce à des éléments verbaux très limités; ce sont des onomatopées qui sont comme des imitations des objets: «miaou» pour le chat, «broum broum» pour l'auto, etc. L'enfant imite également certains mots mais avec maladresse: ainsi, «lolo» pour eau, «kiki» pour biscuit. Il apprend aussi quelques rares mots significatifs comme «maman», «papa» et «bobo». Un peu plus tard, il utilise une syntaxe élémentaire en exprimant les mots clés d'une phrase; ainsi, il va dire «maman aller auto». Ce n'est que plusieurs mois après qu'il va utiliser des mots de liaison et des conjonctions. Son comportement, à ce moment-là, est très verbomoteur, c'est-à-dire que ses phrases réduites sont accompagnées de gestes et d'actions. Ainsi, il saute en disant «bébé sauter haut» et, règle générale, il ne peut parler sans bouger et, parfois, il ne peut bouger sans parler. Ses paroles ne sont pas encore indépendantes ni dissociées de ses actions.

Vers l'âge de 3 ans, l'enfant maîtrise suffisamment le langage oral pour qu'on puisse le comprendre. Mais à cause d'un égocentrisme tout à fait normal à cet âge, les enfants font des monologues collectifs lorsqu'ils sont ensemble. Voici, par exemple, un extrait de conversation entre deux petits de cet âge qui sont placés face à face à la garderie:

Benoît	Maman a oublié ma tuque.
Marie-Ève	Sophie a déchiré mon dessin.
Benoît	Je me suis fait bobo à la tête.
Marie-Ève	Hugo a fait caca dans ses culottes.
Benoît	Mon père a une auto neuve.
Marie-Ève	Maman va venir me chercher.

Un vrai dialogue de sourds! Chacun parle pour soi tout en étant convaincu que l'autre l'écoute et le comprend. Le langage, on le constate, est loin d'être véritablement socialisé à cet âge.

Exercice n° 6:
J'observe mon enfant au cours de ses dialogues

Observez votre tout-petit lorsqu'il joue avec des enfants de son âge et tentez de reproduire les dialogues que vous entendez.

Cet accès au langage signifie qu'il y a un passage entre les *symboles* (le chaudron qui devient un chapeau, par exemple) qui sont foncièrement individuels et égocentriques et les *signes* (les différents mots) qui sont encore des symboles mais qui sont admis par convention sociale. Le jeune enfant découvre graduellement qu'il peut mieux communiquer avec son entourage et mieux exprimer ses désirs et ses besoins s'il délaisse graduellement les symboles au profit de signes verbaux, c'est-à-dire de mots. Le langage lui permet de se dégager du présent, d'évoquer le passé et de commencer à anticiper l'avenir. Grâce au langage, il découvre qu'il peut se dégager du contexte spatial immédiat pour évoquer, grâce aux mots, des objets qui sont en dehors de l'espace qu'il occupe présentement.

Le dessin

Le dessin est une autre façon qu'a l'enfant d'actualiser ses représentations mentales. Ses activités graphiques sont d'abord des gribouillis dont il prend beaucoup de plaisir à constater les effets qu'il estime « magiques ». Grand consommateur de papier, le « gribouilleur » se rend compte, après des centaines de dessins, qu'il reproduit au hasard des formes comme des cercles, des carrés ou des triangles auxquelles il attribue une signification particulière après coup. La forme dessinée tient lieu de symbole et l'enfant, s'il trace accidentellement un carré, affirmera catégoriquement que c'est une maison. Quelques mois plus tard, il sera capable de mieux contrôler ses gestes graphiques et il pourra décider des dessins qu'il veut faire.

Exercice n° 7:
J'observe les dessins de mon enfant

Dans un premier temps, faites l'exercice individuellement, puis échangez avec votre partenaire.

- Est-ce que votre enfant gribouille?

- Est-ce qu'il cherche à reproduire des formes?

- Est-ce que vous lui donnez l'occasion d'utiliser feuilles et crayons?

Installez-vous auprès de lui et regardez-le dessiner. Faites-lui décrire verbalement ce qu'il est en train de représenter sur sa feuille et ne portez pas de jugement sur ce qu'il vous dit.

L'accès à la pensée symbolique et à ses diverses modalités transporte l'enfant dans un monde fascinant et porteur d'un nouveau rapport avec le monde. La représentation mentale lui permet d'accéder à des apprentissages plus abstraits et plus socialisés. Cette nouvelle acquisition le distingue dorénavant des autres mammifères. Il peut prendre maintenant plus de distance par rapport aux personnes significatives qui l'entourent, dont ses parents, et se risquer seul à entreprendre une grande aventure, celle de la découverte de l'imaginaire.

4

De l'exploration
à « l'explosion »

L'âge de l'opposition

L'âge de l'affirmation, c'est aussi l'âge « terrible » où les parents se demandent par quelle aberration ils ont désiré avoir un enfant ! Le « petit monstre » ou la « petite sorcière » se fait un plaisir de montrer à ses parents à quel point ils ne sont pas doués pour l'éducation des enfants.

Qui n'a pas vécu, dans un magasin, la scène suivante ! Par malice, le marchand a mis à portée de la main de votre enfant toutes les douceurs et toutes les babioles dont il raffole. Et cela ne rate pas ! Votre « trésor » attrape un des objets qu'il convoite et vous lui dites: « Non, donne-moi ça ! » L'effet est dévastateur. C'est exactement comme si vous veniez de lui faire une déclaration de guerre totale. La crise qui s'ensuit, avec ses pleurs et ses coups de pied rageurs, fait se retourner tous les adultes présents. Vous vous attendez à tout moment à voir surgir l'escouade anti-émeute ou la DPJ. La sueur commence à vous couler sur le front et vous réprimez difficilement l'envie bien légitime d'agripper votre « progéniture » par le bras et de quitter le lieu du supplice au plus vite. Mais voilà, vous craignez de passer pour un « bourreau d'enfants »! Alors, vous essayez de pratiquer le dialogue, le monologue, les cajoleries et ainsi de suite. Vous allez même jusqu'à satisfaire son désir et vous lui offrez l'objet de ses convoitises. Mais, nenni! Rien n'y fait, la crise est enclenchée et rien ne semble pouvoir l'arrêter. Vous sortez finalement du magasin, vous vous retrouvez dans le stationnement et vous regardez tout autour. Personne. L'enfant « embarque » dans l'auto... Et là, vous lui dites enfin tout ce que vous n'avez pas osé lui dire en public! Vous voyez bien que votre enfant est énervé! Mais vous êtes-vous regardé vous-même, le cœur battant, le souffle court et les mains tremblantes sur le volant!

L'âge de l'affirmation est celui de l'opposition et, en même temps, il s'agit d'une période de transition qui est complexe. L'enfant, en effet, modifie bien souvent le moment de ses siestes quotidiennes et il cherche graduellement à en sauter une. En même temps, sa grande activité physique le surexcite et le rend « susceptible », surtout en fin de journée. Un seul grand principe semble maintenant diriger sa vie, celui de dire « NON ». Il ne sait souvent pas pourquoi il dit « NON » mais il n'est pas sans remarquer le pouvoir de ce mot. Il faut dire que, depuis qu'il se déplace seul et qu'il fait ses explorations, il a entendu ses parents le répéter à satiété, tantôt avec colère et tantôt avec inquiétude. Il a retenu l'importance de ce petit mot clé et c'est à son tour de s'en servir...

Le langage de l'enfant se développe beaucoup durant cette période. Il a plus de mots dans son vocabulaire et plus d'images dans sa tête. Il exprime de plus en plus ses peurs, surtout à l'heure du coucher. Mais il peut difficilement concevoir que le « méchant loup » de son rêve n'est pas réel puisqu'il ne fait pas encore la différence entre les images qu'il a dans sa tête et celles qui existent réellement autour de lui. Il ne faut pas oublier, en effet, que l'enfant, même s'il a acquis une bonne confiance de base, craint toujours d'être séparé de ses parents. Pour bien comprendre cette situation, il suffit de penser à l'adulte qui éprouve de la difficulté à s'endormir seul après une séparation de couple ! La sécurité intérieure demeure toujours sujette au stress et elle peut être ébranlée, du moins de façon passagère.

Votre petit *Tom-Pouce* de 2 ou 3 ans est bien brave de vouloir affronter les géants que sont ses parents. Mais son besoin d'acquérir de l'autonomie est à la base des affrontements qu'il provoque avec eux. En effet, le but ultime de son développement est de lui permettre, comme c'est aussi le cas pour un petit animal, d'être capable de satisfaire lui-même ses besoins et de pouvoir s'occuper plus tard d'autres petits êtres. Notre société semble avoir oublié ce principe de base et elle entretient trop souvent, avec ses institutions, une dépendance exagérée, notamment à la période de l'adolescence ! Ce n'est pas pour rien que nombre de psychologues parlent de la période de l'affirmation comme d'une première adolescence.

Cette période tumultueuse est celle de l'entraînement à la propreté et, dans bien des cas, celle de l'entrée en garderie. À cet âge, les enfants aiment la compagnie des autres enfants même s'ils jouent encore plutôt à côté d'eux qu'avec eux. L'adaptation à la garderie dépend de plusieurs facteurs mais elle se fait habituellement en quatre ou cinq semaines. La culpabilité que ressentent les parents - et, en particulier, la mère - peut nuire à l'adaptation de l'enfant. De plus, si la famille élargie s'en mêle et se met à critiquer la décision des parents, les choses empirent. L'enfant, à cet âge, va réagir par une crise au départ de sa mère ou de son père mais il va se calmer bien vite. Il sera même rassuré s'il traîne avec lui un objet qui représente sa mère. Il faut noter, à cet effet, que les enfants les plus inconsolables se calment rapidement si on leur donne un vêtement qui appartient à la mère et qui porte son odeur.

L'opposition que manifeste l'enfant touche à tous les aspects de la vie familiale : l'habillement, les repas, l'entraînement à la propreté, l'entrée en garderie, le jeu avec les autres enfants, le coucher, etc. C'est de cette opposition que naît la véritable affirmation de soi qui consiste à dire « OUI » à quelque chose, à donner et non pas seulement à retenir et à s'opposer. Il faut se souvenir que bien des adultes éprouvent de la difficulté à « se retenir » ou à « se laisser aller », à « recevoir » et à « donner ». Pour les parents, le véritable enjeu de cette période de développement est d'arriver à favoriser l'autonomie de l'enfant tout en lui mettant des limites réalistes. Ces limites signifieront pour lui qu'il doit tenir compte des autres ; de ses parents qui représentent l'autorité, de sa fratrie qui lui fait vivre une forte rivalité et, enfin, des autres adultes et enfants qui entrent dans sa vie. Il n'est pas surprenant que l'enfant soit complètement déboussolé par moments ! Et ses parents aussi !

Les parents et la discipline

Les parents sont d'abord et avant tout des personnes. Leur propre attitude face à l'autorité a un impact sur leur façon d'être avec leur enfant qui arrive à l'âge de l'affirmation.

Exercice n° 8:
Mon attitude face à l'autorité- I

Essayez le plus honnêtement possible de vous situer dans les échelles de comportement suivantes.

	Un peu (1 pt)		Moyennement (5 pts)		Beaucoup (10 pts)	
	M	P	M	P	M	P
De façon générale, j'apprécie mes supérieurs	☐	☐	☐	☐	☐	☐
De façon générale, je suis apprécié(e) par mes supérieurs	☐	☐	☐	☐	☐	☐
Lorsque je reçois un ordre de mon patron, je suis capable d'en discuter avec lui	☐	☐	☐	☐	☐	☐
J'accepte de me plier à des demandes qui me semblent justes	☐	☐	☐	☐	☐	☐
Je suis habituellement en bons termes avec mes supérieurs	☐	☐	☐	☐	☐	☐
Je suis moi-même en position d'autorité avec certains employés et on me respecte	☐	☐	☐	☐	☐	☐
Je suis souple dans mes demandes	☐	☐	☐	☐	☐	☐
Je suis ferme dans mes demandes	☐	☐	☐	☐	☐	☐

Total des points

De 50 à 80 points :   Vous n'avez pas de problème avec l'autorité dans la mesure où vous êtes capable de vous affirmer.

De 30 à 50 points :   Vous avez parfois de la difficulté à accepter les décisions des personnes qui sont en autorités mais, règle générale, vous êtes capable de compromis.

Moins de 30 points :   Vous êtes plutôt révolté(e) contre l'autorité.

Exercice n° 9:
Mon attitude face à l'autorité- II

	Un peu (1 pt)		Moyennement (5 pts)		Beaucoup (10 pts)	
	M	P	M	P	M	P
Je ne supporte pas qu'on me donne des ordres	☐	☐	☐	☐	☐	☐
Je déteste avoir un patron	☐	☐	☐	☐	☐	☐
Je conteste de façon régulière les décisions des autorités	☐	☐	☐	☐	☐	☐
Je refuse souvent d'obtempérer aux demandes qui viennent d'en haut	☐	☐	☐	☐	☐	☐
Je n'accepte pas d'être sous les ordres de quelqu'un	☐	☐	☐	☐	☐	☐
Je suis autoritaire avec les autres	☐	☐	☐	☐	☐	☐

Total des points

De 45 à 60 points:	Il y a de fortes chances pour que vous soyez constamment en conflit avec les personnes qui sont en autorité.
De 30 à 45 points:	Vous vous affirmez régulièrement devant vos patrons! Mais de quelle façon? Tout est là!
Moins de 30 points:	Vous n'êtes certainement pas quelqu'un qui aime contester! Est-ce à votre détriment?

En devenant parent, on se retrouve automatiquement du côté de l'autorité. Si vous avez des conflits importants qui prennent la forme d'une opposition franche ou d'une servilité excessive à l'égard de l'autorité, il y a de fortes chances que vous ayez connu une discipline rigide et sans appel durant votre propre enfance. Vous avez probablement décidé d'être «bon copain» avec votre enfant mais l'âge de l'affirmation vient ébranler vos bonnes intentions. Il y a certains parents qui s'emportent à l'occasion bien qu'ils se contiennent la plupart du temps, et d'autres qui pratiquent la politique de l'autruche et qui se refusent à exercer toute forme de discipline.

On peut voir l'enfant de cet âge comme un être très provocant. Ses «NON» peuvent en rappeler d'autres! Si l'on sait ce que l'enfant soulève en nous en adoptant des comportements d'opposition, on devient capable de prendre du recul et, peut-être, par moments, de rire de la situation.

Exercice n° 10:
Mes réactions face au contrôle

	Un peu (1 pt)		Moyennement (5 pts)		Beaucoup (10 pts)	
	M	P	M	P	M	P
J'ai souvent l'impression qu'on cherche à me contrôler	☐	☐	☐	☐	☐	☐
J'ai souvent besoin de tout contrôler	☐	☐	☐	☐	☐	☐
Mon conjoint (ma conjointe) me dit souvent que je cherche à contrôler	☐	☐	☐	☐	☐	☐
Je suis décontenancé(e) lorsqu'un événement inattendu survient	☐	☐	☐	☐	☐	☐
Je suis plutôt renfermé(e) mais il m'arrive parfois de perdre complètement le contrôle de mes réactions	☐	☐	☐	☐	☐	☐
J'aime que tout soit toujours à l'ordre	☐	☐	☐	☐	☐	☐
Je dois planifier à l'avance toutes mes activités	☐	☐	☐	☐	☐	☐
Je désire fortement que tout le monde suive mes conseils ou mon exemple	☐	☐	☐	☐	☐	☐

(suite)	Un peu (1 pt)		Moyennement (5 pts)		Beaucoup (10 pts)	
	M	P	M	P	M	P
Je désire fortement que tout le monde suive mes conseils ou mon exemple	☐	☐	☐	☐	☐	☐
Je n'aime pas les surprises	☐	☐	☐	☐	☐	☐
Je suis très économe et je tiens un budget rigoureux	☐	☐	☐	☐	☐	☐
Total des points						

De 80 à 100 points :	Vous avez besoin d'exercer un grand contrôle sur votre vie et sur celle des autres pour éviter trop d'anxiété.
De 50 à 80 points :	Vous préférez vivre dans l'ordre plutôt que dans le désordre mais vous supportez d'être parfois déstabilisé.
Moins de 50 points :	Vous manquez plus ou moins de contrôle sur votre vie et cela vous désespère parfois.

Une personne qui a besoin de contrôler sa vie et celle des autres de façon rigide en souffre généralement. Et lorsque cette personne devient parent, elle tolère mal la période de l'affirmation. L'enfant de 2 ans est souvent sale, il rit de tout ce qui est « pipi, caca, fesses » et il s'oppose à l'ordre établi. Le parent rigide prend tout cela pour des attaques personnelles et il est déstabilisé par les réactions de l'enfant. Le parent qui n'a aucun contrôle sur sa vie aura, par contre, de la difficulté à aider son enfant de 2 ans à contenir ses crises et à devenir autonome. En effet, il est difficile de vouloir s'opposer à quelqu'un qui ne met aucune norme !

Exercice n° 11:
Mes réactions face à l'opposition de mon enfant- I

	Un peu (1 pt)		Moyennement (5 pts)		Beaucoup (10 pts)	
	M	P	M	P	M	P
Lorsque mon enfant me dit «NON», cela m'amuse la plupart du temps	☐	☐	☐	☐	☐	☐
Lorsqu'il dit «NON», je trouve qu'il a du caractère	☐	☐	☐	☐	☐	☐
Lorsqu'il dit «NON», je l'ignore	☐	☐	☐	☐	☐	☐
Lorsqu'il dit "NON", je le fais choisir entre deux choses	☐	☐	☐	☐	☐	☐
Lorsqu'il refuse d'obéir et que cela le met en danger, je l'arrête	☐	☐	☐	☐	☐	☐
Lorsqu'il refuse que je l'habille, je le laisse mettre certaines pièces de linge et je l'aide par la suite	☐	☐	☐	☐	☐	☐
Lorsqu'il refuse de manger, je n'insiste pas et je lui offre une collation nourrissante plus tard	☐	☐	☐	☐	☐	☐
Lorsqu'il refuse d'aller au lit, j'accepte le rituel qu'il me propose et je décide moi-même quand c'est fini	☐	☐	☐	☐	☐	☐
Lorsqu'il refuse d'aller sur le petit pot, je le laisse faire	☐	☐	☐	☐	☐	☐
Lorsqu'il salit sa culotte, je l'emmène la nettoyer dans la toilette	☐	☐	☐	☐	☐	☐

Total des points

De 80 à 100 points:	Vous éprouvez de la fierté lorsque votre enfant vous dit «Je suis capable» et vous cherchez à lui donner des occasions de faire des choix.
De 50 à 80 points:	La plupart du temps, vous encouragez votre enfant à faire preuve d'autonomie; mais il vous arrive parfois, et cela est compréhensible, de perdre patience.
Moins de 50 points:	L'âge de l'affirmation est une période difficile pour vous. Essayez de trouver pourquoi!

Exercice n° 12:
Mes réactions face à l'opposition de mon enfant- II

	Un peu (1 pt)		Moyennement (5 pts)		Beaucoup (10 pts)	
	M	P	M	P	M	P
Lorsque mon enfant me dit « NON », je me sens en colère	☐	☐	☐	☐	☐	☐
Lorsqu'il me dit « NON », je me sens rejeté(e)	☐	☐	☐	☐	☐	☐
Lorsqu'il me dit « NON », je lui fais du chantage	☐	☐	☐	☐	☐	☐
Lorsqu'il refuse de s'habiller, je l'habille de force	☐	☐	☐	☐	☐	☐
Lorsqu'il refuse de manger, je l'oblige à rester à table pour finir son assiette	☐	☐	☐	☐	☐	☐
Lorsqu'il refuse d'aller au lit, je le couche et je ferme la porte de chambre	☐	☐	☐	☐	☐	☐
Lorsqu'il fait une crise à la garderie, je le tape ou je lui parle fort	☐	☐	☐	☐	☐	☐
Lorsqu'il s'oppose à une demande de ma part, je m'impatiente ou je crie après lui	☐	☐	☐	☐	☐	☐
Lorsqu'il refuse d'aller sur le petit pot, je l'y oblige	☐	☐	☐	☐	☐	☐
Lorsqu'il fait ses selles dans un coin de la maison, je le punis	☐	☐	☐	☐	☐	☐

Total des points

De 80 à 100 points:	Vous n'acceptez aucune opposition. Faites attention car l'enfant a d'abord besoin de développer son autonomie en refusant l'autorité.
De 50 à 80 points:	Vous tolérez une certaine opposition mais vous désirez instaurer des règles de vie.
Moins de 50 points:	Vous acceptez facilement l'opposition de l'enfant. Mais faites attention car il a aussi besoin d'être guidé.

Les conférences que nous donnons nous amènent à constater que les parents, en général, se sentent mal à l'aise au cours de cette période d'opposition et que la majorité de leurs questions porte, par conséquent, sur cet âge difficile ou encore sur la «révolte adolescente».

Les parents se demandent souvent si leur enfant n'est pas en train de se transformer en «monstre» et ils craignent qu'il demeure à jamais instable, agressif et négatif. Force est de constater également que la génération actuelle des parents a bien retenu les enseignements des années 60 qui proposaient un modèle d'éducation essentiellement basé sur la compréhension et le dialogue. Cela pose un problème car, à 2 ans, le dialogue n'a pas beaucoup d'impact sur le comportement! Il arrive parfois qu'on doive arrêter physiquement les enfants, les isoler pour quelques minutes dans leur chambre, les faire tenir tranquilles sur une chaise, les ignorer simplement, les cajoler pour leur changer les idées, etc. L'important, c'est qu'ils sachent (et ils ont besoin de le savoir!) qu'il y a des limites à leurs comportements d'opposition.

Certains enfants, en particulier ceux qui parlent peu ou qui commencent à parler plus tard, sont très agressifs à cet âge. Ils mordent, ils tapent, ils arrachent les poils du chat et ils font délibérément mal aux autres enfants dans le but de s'approprier un jouet. Les parents ne doivent ni accepter ces comportements ni traiter l'enfant comme s'il était un «méchant». Que faire alors? Ils sont nombreux les parents qui affirment qu'ils ont tout essayé mais en vain! Il est peut-être vrai qu'ils ont tout essayé mais, en même temps, leurs essais n'ont jamais été assez longs pour qu'il y ait vraiment un résultat! Les parents qui souffrent d'insécurité envoient à leurs enfants des messages d'impuissance qui font que ceux-ci, à leur tour, connaissent l'insécurité et modifient leur comportement.

5

De grands changements

L'entraînement à la propreté

Les parents doivent d'abord bien observer l'enfant pour découvrir son rythme, s'y adapter et s'assurer qu'il est prêt *physiologiquement* à délaisser les couches. L'enfant est conscient du passage de ses selles avant de l'être de celui de son urine et il apprend graduellement à contracter et à relâcher ses muscles. Il est important qu'il soit capable de pousser et d'expulser à volonté avant de commencer à aller sur le pot. Il faut s'assurer, de plus, qu'il est prêt *psychologiquement* à contrôler ses sphincters. L'enfant qui est prêt enlève parfois sa couche seul, il désire s'habiller et se déshabiller seul et il cherche à imiter les adultes. Il n'aime pas être souillé et il le manifeste. Celui qui a une sœur ou un frère aîné apprend souvent par lui-même l'utilisation de la toilette en imitant ce frère ou cette sœur. S'il est en garderie, il a aussi tendance à faire comme les autres et il accepte plus facilement d'aller sur le pot. En règle générale, les enfants sont prêts, vers 2 ans, à devenir propres.

Les parents doivent encourager l'enfant à aller sur son pot, le féliciter et recevoir le résultat de ses efforts comme un cadeau. L'enfant n'éprouve pas de dégoût pour ses selles et il viendra, même au beau milieu d'un repas de fête, vous montrer ce « petit peu de lui » qui sort de lui. La réaction des parents sera très importante !

Certains enfants deviennent propres d'un seul coup et par leur propre volonté. D'autres prennent leur temps et ce sont ceux-là qui doivent être davantage stimulés et encouragés.

Tous les enfants peuvent régresser, à tous les stades de leur développement, jusqu'à cette phase dite « anale ». Une régression est toujours un signal d'alarme ! Cela signifie que l'enfant n'arrive pas à résoudre un problème particulier et qu'il retourne en arrière.

Notons, enfin, qu'il faut éviter de commencer l'entraînement à la propreté dans des moments de stress ou de transition comme, par exemple, lorsque naît un autre enfant ou lorsqu'il y a un changement dans le système de garde.

Exercice n° 13:
J'observe les attitudes de mon enfant face à la propreté

	Mère		Père	
	Oui	Non	Oui	Non
Mon enfant peut garder sa couche sèche pendant au moins deux heures	☐	☐	☐	☐
Il est mal à l'aise lorsque sa couche est souillée	☐	☐	☐	☐
Il aime faire les choses seul	☐	☐	☐	☐
Il observe les autres qui vont à la toilette	☐	☐	☐	☐
Il veut me plaire	☐	☐	☐	☐

Si vous répondez oui à la majorité de ces questions, votre enfant est probablement prêt à devenir propre.

L'habillement

Les enfants ont besoin d'apprendre à faire des choix. Certains sont plus déterminés que d'autres mais, dans tous les cas, il faut favoriser leur autonomie. Cela n'est pas toujours facile; qu'on pense, en particulier, aux petits matins pressés des mères qui travaillent.

L'enfant qui dit «Je suis capable» cherche à construire sa confiance en lui et cela est à la base d'une bonne estime de soi. Même si le processus est long, il vaut mieux laisser faire l'enfant.

Lorsque l'enfant veut choisir ses vêtements et que son choix est approprié à la saison, il n'y a aucune raison de s'y opposer. Cela ne signifie pas pour autant que les parents doivent être esclaves de leur enfant. Il y a des matins où le temps manque et où l'enfant ne se décide pas à choisir un vêtement adéquat. On doit alors l'aider et lui proposer, par exemple, de choisir entre deux vêtements qu'il aime; s'il n'y arrive pas, on doit choisir, cette fois-ci, à sa place sans manifester de colère. S'il veut s'habiller seul et que le temps manque encore une fois, on peut lui permettre d'enfiler quelques pièces et l'aider pour le reste tout en lui expliquant la situation. Cela s'appelle l'art du compromis.

Exercice n° 14:
J'observe les attitudes de mon enfant face à l'habillement

	Mère		Père	
	Oui	Non	Oui	Non
Mon enfant veut s'habiller seul	☐	☐	☐	☐
Il fait une crise lorsque je cherche à l'habiller rapidement	☐	☐	☐	☐
Il se fâche lorsque je veux choisir ses vêtements	☐	☐	☐	☐
Il a des goûts bien déterminés	☐	☐	☐	☐

L'alimentation

Deux ans, c'est l'âge des caprices alimentaires! L'enfant ne veut plus manger que certains aliments ou il refuse carrément de manger. Il ne sert à rien de transformer cette situation en bataille rangée car soldat et capitaine vont y user pour le moins leur capital de patience.

On lui offre alors des aliments variés et on lui demande d'y goûter. Après quelques minutes d'attente, si rien ne se produit, on retire l'assiette sans gronder l'enfant et, une heure plus tard, on lui offre une collation nourrissante. Il est important de bien garder en tête qu'il s'agit d'une phase transitoire. Des recherches ont démontré, d'autre part, que le fait de menacer l'enfant de lui retirer son dessert pour le forcer à manger des légumes diminue progressivement son envie d'en manger. Par contre, si on veut récompenser un enfant qui a eu un comportement agréable et qu'on lui présente un légume tout en le félicitant, on augmente son envie de manger des légumes!

Il faut noter, enfin, que les enfants obèses ne mangent habituellement pas plus que les autres mais qu'ils bougent moins. Il faut donc les inciter à faire de l'activité physique.

Exercice n° 15:
J'observe les attitudes de mon enfant face à l'alimentation

	Mère		Père	
	Oui	Non	Oui	Non
Mon enfant refuse certains aliments	☐	☐	☐	☐
Il refuse de manger	☐	☐	☐	☐
Il choisit maintenant ce qu'il préfère	☐	☐	☐	☐
Il ne finit jamais son assiette	☐	☐	☐	☐
Il aime tout	☐	☐	☐	☐

Le sommeil

Les problèmes de sommeil les plus importants surviennent entre 2 et 7 ans, au moment où l'imaginaire prend une place prépondérante dans la vie de l'enfant.

L'enfant de 2 ans qui a provoqué l'exaspération de ses parents par ses comportements de la journée, éprouve de la difficulté à se calmer et à se séparer au moment du coucher. De fait, il craint la colère de ses parents et ses craintes prennent des allures précises: peur des fantômes, peur du loup, peur des voleurs.

Les enfants qui s'endorment en faisant des mouvements rythmés avec la tête et le corps sont assez nombreux. Ce sont plus souvent des garçons que des filles et les deux tiers d'entre eux sont tout à fait normaux. Il arrive souvent qu'un contact physique avec les parents au moment du coucher diminue ces comportements qui, de toute façon, disparaissent d'eux-mêmes dans la majorité des cas.

Les terreurs nocturnes sont très impressionnantes. L'enfant crie et gesticule. Il a les yeux ouverts, l'air terrifié et il ne reconnaît personne. Ces terreurs surviennent de une à trois heures après l'endormissement. Elles touchent de 3 à 4 p. cent des enfants, et davantage de garçons que de filles. Les parents doivent conserver leur calme et ne pas en parler à l'enfant le lendemain car il ne s'en souvient pas lui-même.

Les cauchemars peuvent survenir très tôt dans la vie. Ils se produisent plus tard dans la nuit, lors de la phase de sommeil paradoxal ou profond. L'enfant pleure, il est anxieux mais il reconnaît ses parents. Ceux-ci doivent l'aider à raconter son cauchemar et le rassurer avec chaleur.

En clinique et lors des conférences que nous donnons, il nous est permis de constater que de nombreux enfants de cet âge dorment dans le lit de leurs parents. Il s'agit là d'une solution qui peut être efficace à court terme pour calmer l'enfant et permettre aux parents de dormir; mais, à moyen terme, cette solution ne fait qu'aggraver le problème. L'enfant reçoit le message qu'il est effectivement dangereux de coucher seul dans son lit et ses peurs vont aller en augmentant.

Exercice n° 16 :
J'observe les attitudes de mon enfant face au sommeil

	Mère		Père	
	Oui	Non	Oui	Non
Mon enfant s'endort facilement	☐	☐	☐	☐
Il s'endort seul	☐	☐	☐	☐
Il fait parfois des cauchemars	☐	☐	☐	☐
Il se réveille sans raison	☐	☐	☐	☐
Il a des terreurs nocturnes	☐	☐	☐	☐
Il dort dans notre lit	☐	☐	☐	☐

L'identité sexuelle

De 18 à 36 mois, l'enfant joue avec n'importe quoi et transforme ce « n'importe quoi » en ce qu'il désire. Un morceau de tissu devient un lit de poupée et une bobine de fil, une automobile. Il rejoue fréquemment les différents événements de sa vie quotidienne. Par exemple, si sa mère le gronde, il se tourne vers son « toutou » et il le tape en le chicanant.

L'enfant imite donc les comportements qu'il a observés durant la journée. Des recherches récentes démontrent que, dès 18 mois, son identité sexuelle est acquise. Le petit garçon joue donc à être un homme et la petite fille à être une femme. Si les rôles du père et de la mère ne sont pas trop stéréotypés, les enfants apprendront à imiter des comportements polyvalents. Si les rôles sont très stéréotypés, l'enfant apprendra à imiter uniquement les modèles traditionnels. Les parents peuvent donc favoriser des comportements qui ne sont pas tributaires d'un bagage culturel prédéterminé.

Exercice n° 17 :
J'observe les attitudes de mon enfant
face aux rôles masculin et féminin

	Mère		Père	
	Oui	Non	Oui	Non
Mon enfant aime tous les jouets	☐	☐	☐	☐
Il préfère les jouets dits « masculins » (camions, fusils, etc.)	☐	☐	☐	☐
Il préfère les jouets dits « féminins » (poupées, vaisselle, etc.)	☐	☐	☐	☐
Il se déguise souvent en personnage masculin	☐	☐	☐	☐
Il se déguise souvent en personnage féminin	☐	☐	☐	☐
Il pratique des activités traditionnellement masculines	☐	☐	☐	☐
Il pratique des activités traditionnellement féminines	☐	☐	☐	☐
Il pratique des activités non liées à un sexe en particulier	☐	☐	☐	☐
Il préfère la compagnie des enfants du même sexe que lui	☐	☐	☐	☐
Il préfère la compagnie des enfants du sexe opposé	☐	☐	☐	☐

On remarque généralement des différences entre les comportements des garçons et des filles. Sans nier ces différences, il faut aussi favoriser une ouverture face à l'acquisition d'attitudes qui sont habituellement associées au sexe opposé.

◆ ◆ ◆

Les enfants qui sont à l'âge de l'affirmation sont des « petits courageux » qui se lancent à l'aventure, tel David contre Goliath. Ils sont naïfs, rieurs, très expressifs et ils méritent notre admiration et notre soutien.

C'est avec raison que les parents trouvent que cette période est difficile car l'enfant ne sait pas très bien lui-même ce qu'il veut. Ils ne doivent pas se décourager ni démissionner car l'enfant a grand besoin de leur soutien et de leur affection. Mais, de plus, il a besoin de leur fermeté et de leur capacité à le contenir. À la fin de cette période, le NON se transforme en OUI au grand soulagement des parents et de l'enfant.

L'amour en bataille

Petit soldat de bois
J'aime te voir rire aux éclats
Lorsque, dans son plat de lait, tu déposes le chat
Est-ce que je dois te gronder ou rire avec toi ?
Petite poupée de soie
J'aime courir après toi
Lorsque tu te caches au moment du dodo en
  criant « Je suis pas là »
Est-ce que je dois jouer le jeu ou t'avertir encore
  une fois ?
Petit soldat de plomb
Pourquoi dis-tu toujours « Non »
Lorsque, pressée, je veux attacher tes boutons ?
Petite poupée de son
Pourquoi dis-tu encore « Non »
Après mes petits sermons ?
Petits enfants bruyants
Petits enfants savants
Petits enfants fuyants
Petits enfants qui jouez aux grands
Nous vous aimons tant !

(D. L.)

6

Pistes de réflexion

Retour aux exercices

Vous avez pratiqué de petites expériences et fait les différents exercices relatifs à « l'âge de l'affirmation » dont la liste suit :

Complétez maintenant votre auto-évaluation et revenez, si nécessaire, à l'un ou l'autre des exercices proposés.

AUTO-ÉVALUATION

	Un peu (1 pt)		Moyennement (5 pts)		Beaucoup (10 pts)	
	M	P	M	P	M	P
J'apprécie que mon enfant soit attiré par la nouveauté	☐	☐	☐	☐	☐	☐
J'apprécie qu'il dise « Je suis capable »	☐	☐	☐	☐	☐	☐
J'accepte qu'il dise « Non »	☐	☐	☐	☐	☐	☐
J'accepte qu'il s'habille seul	☐	☐	☐	☐	☐	☐
J'accepte qu'il refuse certains aliments	☐	☐	☐	☐	☐	☐
J'accepte qu'il fasse des choix personnels	☐	☐	☐	☐	☐	☐
Je l'encourage à jouer avec d'autres	☐	☐	☐	☐	☐	☐
Je l'encourage à partager	☐	☐	☐	☐	☐	☐
Je l'incite à apprendre de nouveaux mots	☐	☐	☐	☐	☐	☐
Je l'encourage à dire ce qu'il souhaite	☐	☐	☐	☐	☐	☐
Je l'encourage à monter et à descendre les escaliers	☐	☐	☐	☐	☐	☐
Je l'encourage à gribouiller	☐	☐	☐	☐	☐	☐
Je l'encourage à manger seul	☐	☐	☐	☐	☐	☐
Je l'encourage à regarder des livres	☐	☐	☐	☐	☐	☐
J'accepte qu'il soit un meneur	☐	☐	☐	☐	☐	☐
J'accepte qu'il soit parfois entêté	☐	☐	☐	☐	☐	☐
Je lui fournis des occasions de parler	☐	☐	☐	☐	☐	☐
Je l'encourage à exercer sa motricité	☐	☐	☐	☐	☐	☐
Je lui offre de choisir entre diverses possibilités	☐	☐	☐	☐	☐	☐
J'attends qu'il me démontre qu'il est prêt à devenir propre avant de commencer cet entraînement	☐	☐	☐	☐	☐	☐

(suite)

	Un peu (1 pt)		Moyennement (5 pts)		Beaucoup (10 pts)	
	M	P	M	P	M	P
Je l'encourage à aller sur le petit pot	☐	☐	☐	☐	☐	☐
J'évite les guerres de pouvoir	☐	☐	☐	☐	☐	☐
Je l'arrête lorsqu'il « dépasse les bornes » mais je ne le frappe pas	☐	☐	☐	☐	☐	☐
J'établis un rituel du coucher et je l'applique fermement	☐	☐	☐	☐	☐	☐
Je le couche dans son lit	☐	☐	☐	☐	☐	☐
Je l'encourage à utiliser son imagination	☐	☐	☐	☐	☐	☐

Total des points

De 180 à 260 points : Vous encouragez votre enfant à s'affirmer et à devenir autonome ! Vous êtes quelqu'un qui sait faire preuve de fermeté et de souplesse.

De 100 à 180 points : Cette période du développement n'est pas facile à vivre pour les parents. Vous devriez regarder vos propres conflits qui sont reliés à la « lutte de pouvoir » et tenter de les résoudre. Les parents qui font preuve de trop de rigidité ou qui manifestent trop peu de fermeté n'encouragent pas leurs enfants à s'affirmer. N'oubliez pas qu'après le « Non » viendra le « Oui ».

Moins de 100 points : Il semble que vous preniez cette période du développement de votre enfant comme une attaque contre vous ou comme une remise en question de votre autorité. Réfléchissez à votre propre attitude face à l'autorité et faites le lien avec l'éducation que vous avez reçue ! Si vous n'arrivez pas à résoudre cette « crise », cherchez de l'aide. Cela en vaut vraiment la peine pour vous comme pour votre enfant.

IV

L'ÂGE
DE L'IMAGINAIRE

de 3 à 6 ans

1

De l'affirmation à l'imagination

Un être complexe

L'âge de l'imaginaire est avant tout marqué par la prédominance du subjectif sur l'objectif. L'enfant, au cours de cette période, fait preuve d'un réalisme naïf où rêve et réalité se confondent. Le caractère affectif et pragmatique de sa pensée, les impressions illimitées que lui renvoie l'univers de même que la fragilité et l'instabilité de ses cadres temporels et spatiaux font naître en lui l'affabulation et le rêve éveillé. Jamais il n'inventera autant de jeux que durant cette période où la réalité ne freine guère sa fantaisie.

La période de 3 à 6 ans est celle d'une vision enchantée où se confondent les expériences réelles, les histoires inventées, les rêves et les désirs personnels. Les êtres, les situations, les objets et les événements se métamorphosent sans cesse : le crapaud se transforme en prince, la colombe se change en princesse et la citrouille devient carrosse pendant que la sorcière, l'ogre et le méchant loup continuent à inspirer la peur. L'émotion est à fleur de peau et chaque chose, qu'il s'agisse d'un objet ou d'une situation, la fait surgir.

Nous sommes à l'âge des créatures magiques qui proviennent de ses rêves ou des merveilleuse histoires dont il raffole. Tous ces personnages mystérieux avec qui il dialogue fréquemment ou dont il incarne les rôles dans ses jeux l'impressionnent tout autant que ces adultes puissants qui l'entourent dans sa vie quotidienne.

L'intérêt constant que porte l'enfant au monde de la fiction et à la création d'un univers imaginé ne diminue pas ses capacités d'adaptation à la réalité et ne freine pas ses explorations motrices. Lorsqu'il imagine, invente ou crée, il ne fait rien d'autre que jouer et tous ses jeux contiennent les mêmes éléments qu'on retrouve dans ses explorations motrices : une prise de possession des choses imaginées, leur intériorisation progressive et le sentiment profond de pouvoir exercer sa « puissance » sur elles. Par ses jeux d'imagination, l'enfant goûte particulièrement les émotions que la fiction lui procure. Diffère-t-il vraiment, en cela, des adultes qui l'entourent ?

L'enfant de cet âge considère encore ses parents et les adultes de son entourage comme des héros ou de véritables dieux. Il leur fait pleinement confiance et il les juge parfaitement crédibles ! Leurs prouesses et leurs exploits, qu'ils soient fictifs ou réels, ne cessent de l'enchanter.

On peut résumer la situation en disant que le monde intérieur de l'enfant n'est pas encore unifié. Tout est mobile et ambigu. La vision intérieure n'est pas suffisamment claire et précise, la mémoire assez coordonnée, les cadres temporels et spatiaux assez stables et continus pour empêcher le mystérieux et le merveilleux d'envahir et de bouleverser son univers dans lequel il évolue avec une aisance remarquable. D'ailleurs, l'enfant est généralement plus à l'aise dans ce monde ambigu que dans la réalité !

À l'âge de l'imaginaire, l'enfant se perçoit comme le petit frère ou la petite sœur de Blanche-Neige ou il s'identifie à l'un des Sept Nains, c'est-à-dire qu'il devient un personnage soit malin, soit débrouillard ou affectueux ou même fidèle. Les rois, les princes et les fées ne l'intimident pas et il adore se plonger dans les histoires merveilleuses afin d'échapper à l'ennui, aux tâches quotidiennes, aux interdits parentaux et aux déceptions liées à la réalité. Il est le maître et le seigneur tout-puissant de cet univers magique.

Des émotions de toutes sortes, joies et peurs, peuplent ce merveilleux monde de la fantaisie. Avec quelle attention et quel ravissement il écoute pour la dixième fois l'histoire du Petit Chaperon rouge ! Comme s'il voulait constamment revivre son histoire favorite ! Et il n'y a qu'à changer un simple détail pour l'entendre maugréer. Il n'est pas question, en effet, de transformer ce récit qui lui appartient en propre comme un jouet préféré sans porter directement atteinte à son plaisir. L'enfant, face aux histoires dont il raffole, est envoûté. Les rituels, les formules magiques, les potions extraordinaires et les cérémonies étranges ou terrifiantes le fascinent. Le mystère l'attire et le captive.

L'âge de l'imaginaire, c'est aussi l'âge du jeu symbolique, c'est-à-dire de la capacité de « faire semblant », du pouvoir de se soustraire à la réalité et du plaisir d'étonner son « public » par des grimaces, des déguisements et des spectacles improvisés. En d'autres mots, imaginer, c'est jouer et jouer, c'est jouir! L'enfant fait « comme si » l'ours de peluche était vivant, « comme si » les gnomes habitaient vraiment sa chambre, « comme si » sa poupée était animée de sentiments humains et « comme si » ses dessins étaient des réalités vivantes. Il est friand de comptines, de visualisations et de jeux que son imagination créatrice peut transformer sans cesse. À cheval sur un bâton de hockey, il ne fait attention qu'à l'acte de chevaucher, au mouvement du cheval et à la position du cavalier. Cet acte de chevaucher, qui est seul présent à sa conscience, lui permet de transformer en un instant un vulgaire bâton de hockey en une merveilleuse monture. Comme les mots dans un conte, les multiples mouvements que contiennent les jeux créent un univers imaginaire dont l'enfant raffole. Le jeu devient le paradis du « faire comme si » et du « faire semblant de ».

L'enfant, parce qu'il est encore entièrement centré sur l'immédiat, jouit et souffre de façon exacerbée. Ses joies sont illimitées, ses peines très grandes et il passe du rire aux pleurs sans transition. Ces changements émotifs tiennent de l'inconsistance de son Moi qui est encore collé à l'instant présent.

Puis, progressivement, il veut agir seul, laisser la main qui le rassure et le guide, courir seul, se tirer d'affaire tout seul, particulièrement si un témoin le regarde et l'admire. Il maîtrise peu à peu ses émotions pour prouver aux autres qu'il est sûr de lui. L'expression de sa « puissance » est marquée, d'autre part, par des attitudes et des comportements qui sont beaucoup moins plaisants : le goût de détruire des objets, la jalousie, la rivalité avec les autres enfants, des actes de méchanceté envers les animaux, des gestes destinés à punir ses parents, le refus de perdre la face, le plaisir de s'opposer pour s'opposer et ainsi de suite. Pourtant, malgré toutes ses sautes d'humeur, l'enfant devient plus sociable et plus ouvert à l'influence des personnes qu'il admire, tant dans la famille qu'à l'extérieur. Il comprend peu à peu que plus il s'adapte, plus son entourage est bienveillant et chaleureux à son égard.

L'enfant de cet âge est un être complexe. C'est un véritable petit comédien, conscient de lui-même et sociable, qui a besoin de l'approbation de son entourage, qui admire les grandes personnes, qui intériorise un certain nombre de règles sociales et qui, par-dessus tout, cherche à s'associer aux autres. C'est aussi un magicien très imaginatif; curieux à outrance, habitant d'une planète différente de celle des adultes, il raffole des histoires et des mots et il crée des scènes enchanteresses ou terrifiantes. Ce magicien est aussi un être très sensible et très attaché au parent de l'autre sexe. Parfois décontenancé sur le plan émotif, il n'en demeure pas moins un grand explorateur de la vie et des relations avec les autres.

Le développement affectif de l'enfant

La situation œdipienne est un moment clé dans l'évolution affective de l'enfant de cet âge car elle débouche sur une acquisition essentielle qui est celle de la notion de sexe. Cela se produit en raison surtout d'une orientation spécifique de ses sentiments à l'égard de chacun des parents.

La situation œdipienne, qui dure plusieurs années, constitue un moment crucial dans la construction de la personnalité de l'enfant puisque, de la solution qui lui sera donnée, dépend toute son orientation affective ultérieure et, en particulier, sa maturation sexuelle. La période œdipienne, qu'il y ait résolution ou non du complexe du même nom, est suivie d'une période de mise en sommeil (période de latence qui se situe entre 6 et 12 ans), puis elle refait surface à l'adolescence. À ce moment-là, les conflits relationnels non résolus durant l'enfance resurgissent dans toute leur ampleur et donnent lieu à des confrontations pénibles entre parents et enfants.

Que se passe-t-il chez le garçon ?

Entre 3 et 6 ans, l'attirance envers la mère se précise et prend peu à peu une tonalité amoureuse. Le garçon cherche à affirmer sa puissance ; il imite différentes attitudes des adultes mâles tout en éprouvant un constant besoin d'une présence maternelle. Il entre alors en rivalité avec son père parce que celui-ci a une relation privilégiée avec sa mère. Ses sentiments à l'égard de son père sont, le plus souvent, contradictoires : d'un côté, il désire éliminer son rival pour avoir sa mère à lui tout seul et, de l'autre, il l'admire pour sa force, sa taille et sa compétence. Il vit donc pour la première fois depuis sa naissance une véritable situation triangulaire avec ses deux parents.

Que se passe-t-il chez la fille ?

Les choses sont différentes chez la fille étant donné que le rôle de la mère est plus ambivalent. Celle-ci, en effet, ne peut être carrément éliminée en tant que mère et les sentiments positifs à son égard demeurent très forts. Cependant, la coquetterie et la séduction dont la fille fait preuve à l'égard de son père de même que le désir qu'elle éprouve de temps à autre d'éliminer sa mère créent ici aussi la situation triangulaire entre l'enfant et ses deux parents.

La solution de la situation œdipienne

L'identification au parent du même sexe représente la solution naturelle de la situation œdipienne. Pour lutter contre le rival, l'enfant tend à l'imiter. Il se rapproche de ce parent afin de bien comprendre ce qui fait sa force. Peu à peu, son hostilité va se résorber entraînant du même coup la disparition de multiples conflits au profit d'une grande admiration et d'une prise de possession du rôle de l'autre. Il est nécessaire, pour que la situation œdipienne se solutionne positivement, que les rôles parentaux soient égalitaires, ouverts au partage et à la compréhension mutuelle, et cela, même en période de conflit avec l'enfant. Il est également important que les parents soient au courant de l'existence de la situation œdipienne chez l'enfant de 3 à 6 ans, ne serait-ce que pour ne pas se choquer devant les attitudes qu'il adopte dans les moments de crise. En faisant preuve d'une constante souplesse, le père et la mère favorisent la solution des conflits avec lesquels l'enfant est aux prises et ils parviennent ainsi à ne pas en susciter de nouveaux.

Il est important que l'enfant ait des modèles d'identification valables du même sexe que lui. À défaut du père ou de la mère, il faut lui proposer des substituts convenables. Quant à l'éducation sexuelle, elle doit être précoce mais toujours adaptée au niveau du questionnement de l'enfant. Elle doit apparaître comme une simple mise au point par rapport à ce qui intrigue ou inquiète l'enfant.

La solution de la situation œdipienne et l'identification au parent du même sexe sont des caractéristiques majeures de cette période. De cela dépendent la sexualité future de l'enfant et, dans une large mesure, sa stabilité émotive.

Le développement social de l'enfant

L'identification au parent du même sexe

À l'âge de l'imaginaire, le processus de socialisation prend toute son ampleur alors que l'enfant tend progressivement à se conformer au comportement de la personne qu'il admire. Ce processus est marqué principalement par les nombreuses tentatives qu'il fait pour s'identifier au parent du même sexe et pour se construire, par la même occasion, une «image de soi» positive. Dès l'âge de 5 ans, grâce à l'identification au père ou à la mère, l'enfant commence, en effet, à adopter les caractéristiques masculines ou féminines. C'est donc très tôt qu'il est conscient des différences de rôles et de statuts entre les hommes et les femmes et qu'il a une idée assez nette des comportements et des attitudes qui sont acceptés ou rejetés par les autres, selon que l'on est du sexe féminin ou masculin.

Les différences comportementales entre les sexes que l'enfant apprend à connaître sont très souvent stéréotypées et sans rapport avec ce qu'elles devraient être en réalité. Ces stéréotypes sont des opinions toutes faites, des préjugés ou des idées préconçues en ce qui concerne les caractères qui sont propres à chaque sexe. Ainsi, une fillette apprend très tôt que la place de la femme dans la société se fonde davantage sur ses qualités esthétiques et affectives que sur ses habiletés à diriger, sur sa détermination et sur son audace. Il y a donc lieu de se réjouir que ces stéréotypes, sans être disparus, soient de plus en plus remis en question du fait que les deux parents tendent à se partager, de façon égalitaire, les responsabilités familiales et économiques. Les couples «moins traditionnels» n'inculquent plus de façon systématique à leurs enfants les stéréotypes classiques liés au sexe. Ces nouveaux parents choisissent plutôt de susciter chez l'enfant des attitudes à la fois «féminines» et «masculines» qui sont constamment en adéquation avec les situations rencontrées dans la vie de tous les jours.

L'influence des pairs

L'attention de l'enfant de cet âge est attirée par les personnes qui exercent un pouvoir sur lui, qui lui manifestent de l'intérêt ou qui l'aident. De façon plus précise, on peut dire qu'il veut absolument ressembler à la personne qu'il respecte et qu'il admire, qu'il veut s'identifier au parent du même sexe. Mais il peut tenter également de s'identifier à une sœur ou à un frère aîné ou à quelqu'un d'autre dans son entourage, pourvu qu'il respecte et admire cette personne.

Le processus d'identification reste toujours le même : l'enfant perçoit des similitudes entre lui et l'autre et il fait des efforts pour lui ressembler. Il s'identifie à l'autre, il intériorise peu à peu les différentes caractéristiques de cet autre, y compris les défauts, et il construit progressivement son «image de soi».

L'enfant recherche sans cesse l'affection et l'amitié des autres. Tous ses efforts vers l'autonomie et vers l'acquisition de nouvelles capacités visent également à lui procurer la considération d'autrui. C'est en se confrontant quotidiennement aux règles différentes véhiculées par les parents, la famille élargie et par les pairs et en essayant d'imiter et de se conformer aux attitudes et comportements des autres, qu'il acquiert les éléments de base de l'image de soi. S'il est persuadé que les personnes de son entourage lui accordent de la valeur et l'acceptent, il intégrera peu à peu une «image de soi» positive, il s'estimera davantage et se considérera avec fierté.

À cet âge, l'enfant se définit lui-même selon des caractéristiques extérieures telles que l'âge, le sexe, les possessions, l'apparence physique, etc. Ce sont les bases de son « image sociale » et elles sont présentes dans toutes les expériences qu'il vit avec autrui. Par exemple, si l'on demande à Hugo de se décrire, il va répondre : « Je joue avec des Lego (activité), j'aime la réglisse (goût), je suis grand (apparence physique), j'ai 4 ans (âge) et j'ai un poisson rouge (possession). »

L'entrée à la garderie ou à la maternelle permet à l'enfant d'entrer en contact avec d'autres enfants de son âge et de partager leurs intérêts. À l'intérieur de ces premiers groupes de pairs, il apprend, il expérimente et il approfondit le rôle social qu'il devra jouer plus tard. Peu à peu, la dépendance affective à l'égard de l'adulte décroît au profit de la dépendance sociale envers des pairs et cela se traduit par une recherche constante de considération et de demandes d'aide à autrui. Il tend tout naturellement à s'appuyer de plus en plus sur ses pairs. Dès l'âge de 6 ans, l'enfant est conscient de sa valeur propre et il compare déjà ses performances à celles de ses pairs.

Les parents sont sans conteste les principaux agents de socialisation de l'enfant de la naissance à 3 ans ; mais le rôle des pairs prend de plus en plus d'ampleur à l'âge de l'imaginaire. L'enfant apprend progressivement au contact de ses petits camarades les attitudes et les comportements sociaux. À l'intérieur de son groupe, il fait l'apprentissage des différents rôles qu'il aura à jouer plus tard. La qualité de ses apprentissages dépend, dans une large mesure, de ce qu'il voit faire par ses pairs (imitation de modèles) et des conséquences que ses propres actions suscitent (récompense ou punition).

Les jeux sont finalement un facteur important de socialisation à l'âge de l'imaginaire. Ils comportent les mêmes enjeux (récompense, punition et modèles) et ils permettent à l'enfant d'expérimenter des comportements et de découvrir les conséquences qui en découlent. Durant la période de 3 à 6 ans, les jeux continuent d'être une activité joyeuse tout en permettant à l'enfant d'explorer le monde extérieur, d'éprouver ses capacités, de les affiner et de découvrir autrui.

Le développement
de la conscience morale de l'enfant

Il est nécessaire, pour être en mesure de saisir le comportement moral d'une famille, d'une classe ou d'un groupe d'amis, de comprendre l'évolution de la conscience morale chez l'enfant. La conduite morale, comme tout comportement, est un phénomène complexe ; elle se caractérise, notamment, par le fait que toutes les expériences antérieures affectent les actions immédiates et qu'elle va se modifier sensiblement entre l'âge de l'imaginaire et l'âge adulte.

Matière à réflexion

Les spécialistes en psychologie et en éducation s'entendent généralement sur les éléments suivants.

- L'enfant vient au monde dénué de sens moral ;

- l'enfant peut adopter une conduite donnée selon chaque situation ;

- l'enfant intègre les premiers rudiments de la conscience morale à travers la relation à ses parents ;

- l'enfant intègre les premiers codes moraux dans des situations spécifiques;

- l'enfant possède des concepts moraux très différents de ceux de ses parents;

- l'enfant évolue dans l'acquisition des concepts moraux et de leur compréhension en relation avec les progrès de sa socialisation et à mesure que se développe sa fonction cognitive.

Prenons, par exemple, l'enfant au moment de son entrée à l'école. Il envisage encore les notions de bien et de mal d'un point de vue très pratique (récompenses et punitions) et, selon ce qu'il a appris à la maison, on note plus ou moins de cohérence entre sa pensée et ses actes. Au contact de ses pairs et par suite des expériences quotidiennes qu'il a avec eux, cette cohérence fragile est perturbée et il modifie très rapidement ses conduites: celles-ci s'harmonisent avec ses dires ou, au contraire, les contredisent. L'influence des pairs et des professeurs, comme celle des parents, va donc jouer un rôle primordial dans l'élaboration de ses comportements moraux et sociaux. Disons tout de suite que ce n'est qu'en grandissant que l'enfant va vraiment unifier sa pensée et ses actes. Son processus mental va devenir plus complexe et lui permettre d'établir un lien direct entre une situation particulière et un principe moral à respecter. Il deviendra capable, en outre, d'imaginer les besoins et les points de vue des autres personnes. En d'autres mots, on peut dire que la conduite morale de l'enfant sera le fruit de ses progrès cognitifs, de la maîtrise qu'il peut exercer sur lui-même et de l'accroissement de ses expériences sociales.

À l'âge de l'imaginaire, la question essentielle que doivent se poser les parents et les enseignants n'est pas de savoir si un enfant est moral ou immoral dans ses actes. Il faut plutôt se demander pourquoi il pose tel ou tel geste et dans quelles circonstances il le fait. Dans la plupart des cas, il n'y a aucun lien entre le jugement moral de l'enfant et ses conduites réelles. Il serait donc absurde de vouloir classer les enfants en être moraux ou amoraux.

C'est le caractère avantageux d'une situation qui détermine la plupart du temps la décision que prennent les enfants d'agir de telle ou telle façon, même si cela transgresse un de leurs principes. Pour l'un, le risque d'être pris et sanctionné va déterminer la conduite qu'il va suivre alors que, pour un autre, l'appât d'un gain facile va influencer son comportement. Enfin, pour un troisième, c'est l'effort de contrôle personnel qui est exigé dans une situation précise, c'est-à-dire la difficulté à résister à la tentation, qui va l'emporter. Le comportement moral de l'enfant va tendre à se stabiliser avec l'âge mais il va rester très dépendant des contingences qui sont liées à chaque situation rencontrée. Ainsi, dans le fait de donner un de ses propres bonbons à sa petite sœur et dans celui de résister à la tentation de s'approprier des sous qui traînent sur la table de la cuisine, les principes moraux en jeu ne sont pas de même nature, les motivations divergent et les gestes peuvent varier grandement d'un enfant à l'autre. La façon dont s'articule la conscience morale d'un enfant dans ses pensées, ses conduites et ses émotions dépend donc de sa compréhension de la situation vécue et du niveau d'évolution de cette capacité de compréhension.

À l'âge de l'imaginaire, l'enfant est capable de distinguer entre actes volontaires et involontaires, et entre bonnes et mauvaises intentions. Il est aussi capable, dans son évaluation morale, de tenir compte à la fois de l'intention liée au geste posé et des résultats produits par ce geste. Il peut aussi distinguer entre le mal fait à autrui (frapper sa petite sœur) et un mal d'une autre nature (prendre un biscuit sans permission) et condamne davantage le premier geste. Mais il a encore tendance à juger sa conduite en fonction de son résultat matériel.

L'enfant apprend d'abord que les gestes posés avec une intention négative sont de toute façon vilains, quels qu'en soient les résultats, et qu'ils méritent, par conséquent, d'être punis par les parents. Par ailleurs, lorsqu'il doit décider laquelle des deux actions est la plus condamnable, celle dont l'intention est positive mais qui cause du tort ou celle dont l'intention est négative mais qui n'a que des conséquences minimes, il choisit la première parce qu'il accorde généralement plus d'importance aux résultats de ses actes qu'aux intentions liées à ses conduites. Cette réaction n'est pas étonnante si l'on considère que les parents entreprennent le processus de socialisation en ayant surtout tendance à punir les conduites négatives plutôt qu'à récompenser les conduites positives. L'enfant sait très tôt ce que ses parents et son entourage adulte désapprouvent et ce n'est que beaucoup plus lentement qu'il apprend ce qu'ils approuvent réellement. Il importe donc que les parents soulignent et renforcent les attitudes et les comportements positifs de l'enfant et qu'ils utilisent ces interventions pour transmettre clairement et efficacement leurs attentes.

Exercice n° 1:
Les parents et les comportements positifs de l'enfant

Dans un premier temps, faites l'exercice individuellement, puis échangez avec votre partenaire.

Au cours des trois prochains jours, observez les comportements positifs de votre enfant et trouvez une façon de les souligner que ce soit par un sourire, une petite caresse, un clin d'œil ou par un mot gentil. Si vous lui dites qu'il est gentil (« Tu es gentil... »), prenez soin de ne pas annuler cette intervention en ajoutant «...quand tu le veux ! ». Évitez également les récompenses matérielles !

	Comportement positif	Façon de le souligner
1-		
2-		
3-		
4-		
5-		
Etc.		

2

Des progrès notables

Les progrès du langage

Éric a 4 ans et il est en train de construire un avion avec
des bouts de papier et des crayons. Il n'arrête pas de parler pendant qu'il s'affaire. Il commente sans cesse son
occupation, ses réussites et ses échecs, et il se motive
également à poursuivre son jeu.

L'enfant, à l'âge de l'imaginaire, se livre régulièrement à de tels monologues. Il a cette façon d'ordonner
ses actions en se remémorant les expériences passées et
en imaginant ou en anticipant les résultats de tel ou tel
geste. Nombre de spécialistes croient même qu'un enfant
ne peut résoudre une situation complexe à moins de
commenter à haute voix toutes les solutions qu'il

envisage. Notons, à cet égard, qu'il y a certains adultes qui utilisent ce mode de réflexion. Cette façon de procéder permet non seulement à l'enfant de résoudre les problèmes immédiats mais également de développer son intelligence. En effet, un bon usage du langage aide à ordonner, à classifier, à sérier et à combiner les expériences de telle sorte que l'intelligence devient un outil plus souple et plus apte à résoudre les difficultés et les problèmes rencontrés. L'intelligence et le langage se soutiennent et se développent mutuellement.

L'enfant est à l'âge où il est capable de former des phrases. L'entourage doit cependant l'aider et l'encourager à s'exprimer. Les adultes peuvent, par exemple, lui demander d'expliquer un jeu, de raconter une histoire ou bien de décrire ce qu'il a observé au cours de sa promenade quotidienne. Cette attitude demande une bonne dose de patience et d'attention de leur part mais elle a l'avantage de permettre à l'enfant d'améliorer son vocabulaire, de trouver ses mots et de mieux formuler ses phrases. Elle lui permet également d'apprendre le mot exact qui représente chaque objet, chaque personne et chaque action ainsi que la prononciation correcte de ces différents mots. L'enfant, de cette façon, adapte son langage et sa communication à celui de la société dans laquelle il doit maintenant vivre. Soulignons qu'il est important que les adultes accomplissent cette tâche en communiquant avec lui comme avec un adulte et qu'ils évitent d'imiter son langage. Il convient également qu'ils ne se limitent pas à répondre seulement à ses questions ou à lui raconter des histoires.

Les parents et l'entourage doivent, lorsqu'ils conversent avec l'enfant, laisser passer quelques-unes de ses erreurs de prononciation et de syntaxe. En le corrigeant sans cesse, ils risquent de le paralyser, de le détourner de la parole et de l'empêcher d'éprouver le plaisir qu'il a à jouer avec les mots. Or, il est de la première importance qu'il conserve le désir de s'exprimer et de communiquer abondamment avec les autres. C'est une condition essentielle pour qu'il puisse se socialiser et se tailler une place de choix dans l'univers des grands. Il faut bien se rappeler que, dès la maternelle et davantage à l'école primaire, le mode privilégié de communication et d'accès au savoir est celui de l'expression verbale et écrite. Cette propension est telle qu'elle se développe souvent au détriment des autres moyens d'expression, tels que le dessin, la peinture, la musique, le théâtre et le jeu corporel.

Il arrive quelquefois que l'enfant, dès son jeune âge, renonce au langage. Il ne cherche pas à communiquer avec les personnes qui l'entourent mais qui ne lui portent pas beaucoup d'attention. Il s'isole et il se replie sur lui-même. Ou, s'il est trop bien « compris » et si ses moindres désirs sont satisfaits avant même qu'il ne les exprime, il peut renoncer rapidement à faire les efforts utiles que l'apprentissage du langage nécessite. Par contre, l'enfant qui est entouré d'attentions accède plus rapidement au langage. Plongé régulièrement dans un bain « affectif et sonore », l'occasion lui est fournie d'imiter en toute confiance les sons et les mots qu'il entend.

Évidemment, il y a certains enfants qui éprouvent de la difficulté à communiquer à cause de problèmes neurologiques ou physiologiques importants. Ceux-ci peuvent être aidés en orthophonie.

Les parents et les autres adultes qui sont dans l'entourage de l'enfant doivent lui laisser le temps de parler, de répondre et d'observer par lui-même les effets de ses initiatives. Il est important que, pour leur part, ils pensent à haute voix, qu'ils verbalisent leurs gestes les plus usuels et qu'ils essaient de lui faire comprendre que tout ce qu'il dit a un sens ou, à tout le moins, de l'importance.

L'acquisition du langage n'est pas une activité aussi facile que l'on voudrait bien le croire. Une bonne prononciation n'est généralement obtenue qu'entre 4 et 6 ans, encore que l'enfant ait tendance à remplacer les sons difficiles par d'autres dont la prononciation est plus aisée et qu'il modifie constamment les séquences sonores pour les rendre plus faciles. Quant au temps d'acquisition du langage, il varie avec chaque enfant et on ne peut parler que d'une « moyenne » générale lorsqu'on traite de ce développement .

Il est difficile d'avoir des critères précis pour discuter des « retards » dans l'acquisition du langage car cette question doit être vue en tenant compte de l'ensemble du développement et du processus de communication. On peut néanmoins affirmer qu'un enfant qui parle tardivement et qui, de plus, parle mal, écorche les mots, déforme les sons, prolonge au-delà de 4 ans la phase du « parler bébé », communique peu et utilise les mots qu'il connaît sans pertinence, doit être amené en consultation spécialisée. En d'autres circonstances, la patience et la stimulation fréquente régleront ces petites difficultés.

L'avenir de l'enfant sera en bonne partie conditionné par l'habileté verbale qu'il est en mesure d'acquérir au cours de l'âge de l'imaginaire. Son niveau d'intelligence en dépend dans une certaine mesure. Il est donc très important d'insister sur ce processus d'acquisition du langage et particulièrement sur les attitudes que doivent pratiquer les parents et l'entourage pour le favoriser. En effet, ce sont les capacités verbales des parents et de l'entourage ainsi que le climat affectif dans lequel baigne l'enfant qui favorisent la transmission des éléments linguistiques. Dans cette expérience d'apprentissage, les facteurs affectifs, sociaux et intellectuels se retrouvent encore une fois liés de façon très étroite.

Exercice n° 2 :
Les parents et le langage de l'enfant

Dans un premier temps, faites l'exercice individuellement, puis échangez avec votre partenaire.

Attardez-vous à observer votre propre façon de réagir au langage de votre enfant. Soyez attentif, pendant toute une journée, à votre façon de l'écouter et de lui répondre. Il est normal d'avoir une oreille parfois distraite car les enfants de cet âge sont souvent de véritables pies ; mais il est quand même important et intéressant de réaliser quels sont les propos qui attirent votre attention !

Discours de l'enfant	Réaction du parent (verbale et non verbale)
Pour exprimer des demandes (ex.: aller dehors, boire, etc.)	
Pour attirer l'attention	
Pour obtenir des explications (Pourquoi ?)	
Pour expliquer des émotions (ex.: pleurs, joie)	
Pour le plaisir de s'expliquer	
Pour le plaisir de s'exprimer	
Pour s'amuser (au cours d'un jeu)	

- Quel type de discours votre enfant tient-il le plus fréquemment ?

- Quelle est votre réaction habituelle à ce type de discours ?

- Quel type de discours votre enfant tient-il le moins souvent ?

- Quelle est votre réaction habituelle à ce type de discours ?

- Selon vous, votre enfant est-il peu, moyennement ou très verbal ?

- Êtes-vous peu, moyennement ou très verbal ?

- Etes-vous satisfait de la communication verbale qu'il y a entre vous et votre enfant ?
Pourquoi ?

- Comment pourriez-vous l'améliorer ?

Les progrès de la motricité

À l'âge de l'imaginaire, l'enfant est plus sollicité que jamais par son environnement et il acquiert progressivement toute une série de capacités nouvelles qu'il ne manque pas d'expérimenter. Il est constamment en mouvement ; il marche, court, grimpe, se balance, rampe, roule sur lui-même, nage, lance, attrape, rivalise avec ses pairs, manipule les objets et, la plupart du temps, s'habille seul. Son développement semble accéléré et il fait preuve de plus de force, de plus de rapidité et ses mouvements sont mieux coordonnés.

De la troisième à la sixième année, la plupart des enfants vont à la garderie ou à la maternelle mais ils ne forment pas encore véritablement un groupe social. Leurs jeux restent solitaires et ils les pratiquent l'un à côté de l'autre plutôt qu'ensemble. Ce n'est que vers 4 ans que s'ajoutent aux jeux spontanés les premiers jeux collectifs. Transmis par les camarades ou suggérés par l'enseignante ou la gardienne, ils se pratiquent par petits groupes, avec un ou deux petits amis. Vers 5 ans, l'enfant découvre les jeux qui comportent un certain nombre de consignes et de règles. Par la même occasion, il prend contact avec un animateur ou un meneur de jeu qui s'impose sans que, pour autant, l'enfant sache très bien pourquoi. Le temps est également arrivé de lui offrir des jouets plus complexes comme des petits jeux de société, un tricycle, une voiture à pédales ou différents jeux de type «mécano».

À cet âge, la multiplication des jeux moteurs a toujours de quoi surprendre les parents; elle a pourtant beaucoup d'importance en ce qui concerne l'adaptation sociale et la maturation de l'enfant. Il est évident que le développement de ses capacités physiques, de son habileté à courir, à gambader, à sauter ou à grimper, dépend en grande partie de la maturation de ses os et de ses muscles. Mais les encouragements des parents et de l'entourage ainsi que la pratique quotidienne contribuent à coup sûr à améliorer et à affiner tous ces mouvements moteurs qui ne peuvent être maîtrisés qu'après un certain nombre d'essais, d'erreurs et de tentatives malhabiles.

Ainsi, Sébastien, âgé de 3 ans, est maintenant capable de manger seul, de lacer ses chaussures et de déboutonner un vêtement. Il n'a plus besoin de sa chaise de bébé et il prend place à la même table que ses parents. Il intervient parfois dans la conversation en racontant une histoire qu'il a apprise à la garderie ou en posant des questions.

Marie-Pierre, pour sa part, est âgée de 4 ans et elle a acquis une bonne coordination et de la souplesse dans ses mouvements. Elle réussit tout mieux que son petit frère de 3 ans. Elle est en mesure de descendre avec aisance un escalier ou de grimper une échelle comme sa mère. Sa démarche n'a plus rien à voir avec les tentatives maladroites d'une débutante. Elle contrôle bien la course en sachant opposer le bras et la jambe en mouvement. Les gestes de ses bras et de ses mains sont précis. Elle peut lancer une balle par-dessus l'épaule tout en faisant passer son poids d'une jambe à l'autre et en faisant pivoter son corps en direction de la cible. Elle se lave la figure, les mains et les dents toute seule et elle prépare elle-même son bol de céréales. Elle peut même choisir son émission favorite à la télévision. Marie-Pierre met en œuvre toutes ses possibilités nouvelles, autant avec les siens qu'à la garderie ou au terrain de jeu.

Antoine, qui est âgé de 5 ans, réalise tout ce que fait Marie-Pierre mais avec beaucoup plus d'aisance encore. Tout est prétexte à bouger et à courir. Il sait parfaitement se mettre en mouvement, s'arrêter et se retourner. Il peut marcher ou courir tout en faisant rebondir un ballon ou une balle. Il est capable de se tenir en équilibre sur une jambe en gardant les yeux fermés. Il peut cabrioler en baissant la tête et en arrondissant le dos tout en cherchant à améliorer ses performances. Il se sert d'un couteau et d'une fourchette comme un adulte, il s'habille et se déshabille seul, il trace quelques lettres et il compte jusqu'à 10. Il dessine des bonshommes qui ont une tête, un corps, des bras et des jambes et il leur ajoute quelque-fois des sourcils et des dents. Tous les aspects de cette évolution motrice ont une influence directe sur les comportements et la personnalité d'Antoine qui se prépare à faire son entrée officielle à l'école.

Toutes les acquisitions motrices de Sébastien, de Marie-Pierre et d'Antoine sont, en grande partie, le fruit de leur développement et de leur croissance. Cependant, elles nécessitent des stimulations et des encouragements de la part des parents et de l'entourage pour éclore de façon harmonieuse. Il serait superflu, par contre, de vouloir « enseigner » à l'enfant certains mouvements élémentaires, comme celui de courir. Il est bien préférable de lui offrir du temps, de l'espace, des instruments adéquats et un encouragement continu. D'autres activités sont plus complexes et nécessitent un équipement

particulier de même qu'un type précis d'accompagnement. C'est le cas pour le ski, la natation, le patinage ou
le tennis. Il y a beaucoup d'enfants qui sont initiés très tôt
à ces sports et il semble que cette initiation précoce constitue un avantage certain.

L'accompagnement qu'on offre à un enfant qui est à
l'âge de l'imaginaire doit comporter davantage de recommandations positives que de recommandations négatives.
En d'autres mots, il faut insister davantage sur ce qu'il
peut faire que sur ce qu'il ne doit pas faire. Si les parents
attachent de l'importance à la rapidité d'exécution d'une
activité, il faut qu'ils en avisent l'enfant avant qu'il ne se
mette en action. Les interruptions fréquentes risquent, en
effet, de provoquer des effets négatifs, de le perturber ou
de paralyser son désir d'agir.

Il ne faut pas oublier que l'enfant de cet âge veut toujours être le meilleur : courir le plus vite, sauter le plus
loin, grimper le plus haut. Le petit cascadeur a tendance
à outrepasser ses forces et ses limites et il ne sait pas vraiment s'arrêter avant d'être épuisé ou haletant. Plutôt que
de l'inciter à tenir des paris ou à gagner du temps, les parents doivent surveiller les signes de fatigue, la nervosité,
les yeux cernés et les maladresses inhabituelles. Il faut
alors interrompre les jeux en détournant tout simplement
son attention.

L'enfant de 3 à 6 ans n'a pas de problème de souplesse. Au contraire, il est capable de multiples contor-
sions parce que ses muscles, au fur et à mesure que son
système nerveux s'améliore, ont la possibilité de se
relâcher totalement pour compenser leur raideur et leur
contraction initiales. Par contre, jusqu'à 6 ans, l'enfant
n'a pas de « force », du moins dans le sens où nous l'en-
tendons généralement, et il n'est pas prêt à faire face à
des compétitions sportives. Mais il a déjà acquis une

vigueur extraordinaire depuis le jour de sa naissance puisqu'il est passé de la position couchée à la position debout et qu'il est lui-même en mesure de changer de posture comme bon lui semble. Or, tout cela exige une activité musculaire intense ; demeurer assis ou allongé, se tenir debout, marcher, courir, grimper, c'est en réalité actualiser une suite ininterrompue de mouvements puisque le corps lutte constamment contre la pesanteur.

Il faut encourager l'enfant à utiliser et à activer ses muscles tout en gardant toujours à l'esprit que l'effort exigé doit être adapté à son âge et à ses capacités physiques. Il est important de lui éviter les exercices violents qui risquent de déformer son ossature encore fragile et de l'encourager plutôt à faire des exercices d'adresse qui vont aider à développer harmonieusement son corps. Tant que son système nerveux ne sera pas entièrement développé, soit vers l'âge de 10 ans, il va demeurer un peu malhabile et un peu lent.

3

Les relations parents-enfants

L'influence parentale

À l'âge de l'imaginaire, les attitudes, les comportements et le mode de vie des parents ont une influence détermi-nante sur l'enfant. Celui-ci a tendance à admirer et à imiter ses parents, mais il peut aussi s'y opposer. Il ne faut pas oublier que les parents représentent le premier agent de socialisation, le premier « objet d'identification » et, par voie de conséquence, le facteur le plus important dans l'acquisition des rôles sexuels.

L'enfant est dépendant de ses parents sur les plans matériel et affectif. Il a besoin de leur attention, de leur contact physique et de leur tendresse, et il les recherche comme compagnons privilégiés de jeu. La façon dont les parents répondent à ses besoins affectifs, physiques, moraux, intellectuels et sociaux influence encore énormément tous ses comportements. On peut affirmer que les parents, durant cette période, ont encore beaucoup de pouvoir sur lui.

L'influence parentale est grande dans le domaine des rôles sexuels et elle l'est aussi en ce qui concerne l'acquisition par l'enfant de conduites altruistes. L'enfant modèlera son comportement et sa conduite envers les autres d'après la réaction de ses parents qui ont le pouvoir de le récompenser ou de le punir. En punissant l'enfant, c'est-à-dire en lui montrant de la désapprobation, en lui retirant des marques de tendresse ou en supprimant des activités qu'il trouve agréables, on lui fait connaître immédiatement les conséquences désagréables qui découlent de ses actes négatifs.

L'enfant acquiert la majorité de ses comportements tout autant en tentant d'éviter une sanction qu'en agissant dans le but d'obtenir une récompense. Il est également important de noter que ses actes impulsifs aussi bien que sa grande sensibilité aux interdits, à l'insulte et au jugement des autres amènent les parents à le prendre en défaut plus souvent qu'autrement et à le punir. Par ailleurs, il est si affectueux qu'il fait vite oublier ses mauvais coups.

En plus de la récompense et de la punition, les parents disposent, pour influencer le comportement de l'enfant, de moyens dont ils ne sont pas toujours vraiment conscients. Ainsi, lorsque la mère veut lui enseigner une tâche, elle se comporte généralement de la même façon avec un garçon ou une fille. Le père, pour sa part, a plutôt tendance à agir différemment selon le sexe de l'enfant. Lorsqu'il donne une consigne à son fils, le père insiste davantage sur les résultats à obtenir et sur la performance attendue. Lorsqu'il s'adresse à sa fille, il semble plus intéressé à la relation qu'il vit avec elle dans l'immédiat qu'aux résultats escomptés dans la réalisation de la tâche.

Des substituts adéquats

Les parents exercent une grande influence sur l'enfant entre 3 et 6 ans. Il n'est donc pas surprenant que l'absence de l'un des deux ait un impact important sur la vie de l'enfant. En effet, la vie quotidienne dans une famille où il n'y a qu'un seul parent diffère souvent de celle d'une famille où les deux adultes sont présents. En l'absence du père ou de la mère, il est donc important qu'il existe, autour de l'enfant, des modèles acceptables de sexe masculin ou féminin qui peuvent agir comme des substituts adéquats. Cette présence contribue largement à réduire les effets négatifs que provoque l'absence de l'un des deux parents même si elle ne peut y remédier complètement. Il semble donc que ce qui importe c'est que l'enfant ait à la fois dans son entourage des modèles acceptables des deux sexes.

Des conditions sociales nouvelles

Le processus de socialisation de l'enfant est modifié, de nos jours, par le fait que les deux parents sont de plus en plus engagés dans des activités liées au travail et à la vie communautaire. Cette réalité se traduit pour l'enfant par une diminution sensible de ses relations et de ses activités avec ses parents. Il est de plus en plus souvent en contact avec des pairs et ces derniers ont de plus en plus d'importance comme « modèles à imiter », tant sur le plan des relations sociales que sur celui de la transmission des valeurs, des attitudes, des principes moraux et des comportements qui étaient véhiculés traditionnellement par les parents. Bien que ces derniers conservent un très grand pouvoir sur leur enfant dans l'acquisition des conduites, les pairs de même que la télévision, la garderie et la maternelle prennent une place grandissante dans le processus de socialisation. L'enfant apprend dorénavant beaucoup à l'extérieur de sa famille et on peut ainsi observer l'influence de plus en plus déterminante qu'il a sur ses parents.

L'enfant acquiert nombre d'opinions, de comportements et d'attitudes à l'extérieur de son milieu familial puis il les transmet à ce dernier. Les parents doivent donc souvent nuancer leurs croyances, leurs attitudes et leurs valeurs et s'adapter aux changements sociaux et culturels de l'environnement tout en tentant de guider et d'accompagner l'enfant tout le long de son développement personnel. Cette tâche est difficile car elle force les parents à s'interroger sur leurs propres valeurs et à prendre conscience davantage de ce qu'ils veulent lui transmettre. Ces valeurs devraient être les plus universelles: la tolérance, le partage, la compréhension mutuelle, la responsabilité individuelle et collective, le respect de soi, des autres et celui de l'environnement.

Il serait important de ne pas donner à l'éducation une rigidité excessive qui ne serait fondée que sur la soumission extérieure à la loi et à l'ordre. Cela risquerait de compromettre le développement ultérieur de l'enfant en le fixant au stade infantile de la règle toute-puissante. Toutefois, il serait tout aussi nocif, sous prétexte de permissivité, de laisser vivre et agir l'enfant à sa guise sans le moindre point de repère extérieur qui soit cohérent, stable et à la fois ferme et souple. Cette pratique n'aboutit généralement qu'à le rendre confus, agressif, dépendant, manipulateur ou anxieux.

Dans les faits, il faut que les parents favorisent, dès que l'âge et le développement de l'enfant le permettent, l'éclosion de la conscience sociale et du jugement moral. Des interventions directes dont le sens est toujours clair, l'existence de conséquences logiques et naturelles face à des actes inacceptables ainsi que des échanges ouverts entre les parents et l'enfant peuvent, la plupart du temps, faire émerger des solutions adéquates aux différents problèmes rencontrés tous les jours.

4

De la pensée symbolique
à la pensée magique

Les jeux

Jeux moteurs et jeux symboliques

La période de 3 à 6 ans est très captivante sur le plan du développement de l'intelligence. En effet, avec l'acquisition de la pensée symbolique et grâce à l'importante évolution de son langage expressif, l'enfant se lance à la découverte de l'univers en s'appuyant sur ses images mentales. Il découvre le pouvoir des symboles qui lui permettent de représenter un objet ou un événement par un autre. Ces jeux symboliques lui ouvrent la porte de l'imaginaire et lui permettent de faire des liens entre les choses, d'exprimer ses besoins, ses désirs et même de résoudre des conflits conscients ou inconscients. Les symboles deviennent les véhicules privilégiés des fantasmes et de l'imaginaire dont la vie est de plus en plus riche.

Les jeux symboliques marquent une nette évolution par rapport aux jeux moteurs qui sont le propre des enfants jusqu'à 2 ans. Ces jeux moteurs sont des jeux d'exercices qui permettent d'assouplir et de consolider les diverses habiletés motrices dont celles de courir, de grimper, de ramper et de sauter. Ils sont essentiels au développement des muscles, des réflexes et ils permettent l'expression des tensions et leur réduction. Ils peuvent se vivre sans représentation mentale comme c'est le cas jusqu'à l'âge de 20 ou 24 mois. Toute l'enfance est jalonnée de jeux moteurs auxquels il est souhaitable que les adultes s'adonnent parfois. Ces jeux prennent toutefois moins d'importance quand l'enfant se montre capable de réaliser des jeux symboliques.

Exercice n° 3:
Je regarde jouer mon enfant

Faites cette expérience ensemble.

- Disposez divers objets au hasard sur un plancher: balle, ballon, billes, camion, chaudière, chaudron, crayons, morceaux de tissus, ourson de peluche, papier, pelle, peigne, poupée et règle;
- invitez votre enfant à jouer avec un ou plusieurs de ces objets, comme il l'entend;
- retirez-vous de son champ visuel, soyez discret, n'intervenez pas et prenez note des sortes de jeux auxquels il se livre.

- Est-ce que ses jeux sont purement *moteurs* (ex.: taper, lancer, rouler et déchirer)?

- Est-ce que votre enfant s'adonne à des jeux *symboliques* (« faire semblant », représenter quelque chose par autre chose, inventer une histoire, etc.) ?

- Est-ce que votre enfant coordonne jeux moteurs et jeux symboliques ou alterne-t-il les deux ?

Il est normal que l'enfant coordonne les jeux moteurs et les jeux symboliques. Par exemple, s'il prend le camion et s'il dispose les objets pour faire un trajet à obstacles, il réalise un jeu symbolique qui s'accompagne de jeux moteurs comme ramper, marcher sur les genoux et pousser.

Entre 4 et 6 ans, il peut arriver que l'enfant reste centré presque exclusivement sur une activité sensori-motrice. Recherchant l'action pour le plaisir de l'action, il n'aborde pas le domaine symbolique qui est un préalable important à l'intégration des connaissances et au développement intellectuel. Dans ces conditions, les parents doivent faire de plus grands efforts pour initier l'enfant à la réalité symbolique et à la créativité afin qu'il enrichisse son imagerie mentale et sa curiosité intellectuelle. Pour ce faire, il n'est pas utile de lui procurer des jeux soi-disant éducatifs ; en effet, leur présentation et les règles prédéterminées qu'ils contiennent laissent peu de place à la fantaisie et à l'imaginaire. Au contraire, des objets usuels très simples (boîtes de carton, morceaux de tissus, morceaux de bois, contenants, etc.) peuvent facilement susciter des jeux symboliques et créatifs.

En s'intéressant eux-mêmes à la réalité symbolique et intellectuelle, les parents fournissent à l'enfant la meilleure stimulation qu'il peut avoir. En effet, quand ils donnent l'exemple et qu'ils lisent, écrivent et discutent de sujets qui ne touchent pas à des réalités immédiates, ils enseignent à l'enfant que les valeurs symboliques et intellectuelles sont importantes. Celui-ci cherchera à imiter ses parents parce qu'il s'identifie principalement, en raison de sa relation d'attachement, aux valeurs véhiculées par son milieu familial.

Jeux de construction

Durant cette période, l'enfant devient également un petit constructeur. Délaissant un peu la fantaisie des jeux symboliques, il découvre les jeux de construction et il cherche ainsi à imiter des objets réels. Il reproduit, par exemple, une maison avec des blocs Lego et une automobile avec un jeu « mécano ». De plus, les casse-tête sont des jeux intéressants à cet âge puisqu'ils lui permettent de reproduire, après de nombreux tâtonnements, un modèle concret. Il n'est pas rare que l'enfant fasse preuve d'ingéniosité et de créativité dans le choix des moyens qu'il utilise pour reproduire ces modèles.

En pratiquant ces jeux, l'enfant apprend également à faire des erreurs, ce qui lui permet d'ajuster ses actions et de modifier sa stratégie. Il est donc important de le laisser tâtonner et expérimenter de même que de le laisser vivre des frustrations qui sont inévitables. Les parents doivent quand même l'aider à terminer ses projets en l'interrogeant sur ses moyens et en lui suggérant des procédés s'il le demande. Il faut éviter de construire à la place de l'enfant car il interpréterait ce geste comme une confirmation de son incapacité.

Jeux de règles

Avec le développement de la socialisation, l'enfant de 4 à 6 ans s'initie graduellement aux jeux de règles. Il cherche ainsi à imiter les jeux des plus grands. Cette forme d'activité ludique devient, en retour, un important stimulant dans le processus de socialisation car l'enfant doit jouer avec les autres, considérer leurs actions, leurs désirs et leurs opinions. Mais, à cause de l'égocentrisme qui est tout à fait normal à cet âge, il peut lui arriver de ne pas tenir compte de l'autre ou de se transformer en grand tricheur inconscient. Essayant sincèrement d'imiter les règles appliquées par les plus grands, il lui arrive, emporté par son plaisir immédiat, de les modifier sans vergogne et de façon fantaisiste. Il doit alors affronter les protestations de ses compagnons et s'ajuster. Il faut bien comprendre que, pour l'enfant de cet âge, seul le plaisir compte, quitte à se transformer naïvement en tricheur d'occasion. Il confond « plaisir » et « victoire » et il est fermement convaincu d'avoir gagné s'il a éprouvé du plaisir pendant le jeu. De façon générale, les jeux de règles le stimulent beaucoup dans ses efforts de socialisation et ils lui donnent l'occasion en plus de comprendre et d'appliquer des consignes. La pratique de ces jeux, comme celle des jeux symboliques, va s'avérer très importante au cours des années qu'il va passer à l'école. En effet, la majorité des apprentissages scolaires font appel à des *symboles* transformés en signes conventionnels (graphèmes, symboles numériques, etc.) et ils nécessitent en plus la compréhension et l'exécution de consignes ou de *règles*.

Durant la période de 3 à 6 ans, les jeux de toutes sortes occupent une place centrale dans le développement de l'enfant. Par les jeux, il apprend à comprendre, à apprivoiser et à maîtriser les richesses de son monde. Il est largement prouvé, par ailleurs, que les apprentissages qui durent le plus longtemps sont ceux qui ont été vécus dans le plaisir, grâce à une relation significative avec des personnes et, souvent, par le biais de jeux.

De plus, les jeux permettent à l'enfant d'être motivé pour les apprentissages. On sait que tout individu, quand il anticipe du plaisir, accepte facilement de participer à une activité qui est source d'apprentissages. Le plaisir constitue le mobile et l'énergie intrinsèque de la motivation. Les jeux garantissent le plaisir et ils constituent la voie royale des apprentissages.

Plaisir et apprentissage précoce

On valorise de plus en plus, dans nos sociétés occidentales, la performance et les apprentissages prédéterminés et évalués quantitativement. Dans ce sens, on demande de plus en plus aux enfants des apprentissages conventionnels qui sont beaucoup trop précoces. Il existe, par exemple, des programmes pour apprendre à lire à un petit de 3 ans ou pour lui enseigner les opérations mathématiques. Les promoteurs de ces programmes soi-disant scientifiques accordent peu d'importance aux jeux spontanés parce qu'ils nuisent à leurs activités programmées et dirigées qui, elles, ne respectent pas les rythmes développementaux des enfants. Qu'advient-il de la petite enfance, de cette merveilleuse période de la vie faite de joie, de créativité, de motivation, d'enthousiasme, de curiosité et de dynamisme spontané et vivifiant quand ces programmes sont appliqués? De fait, ces programmes d'apprentissage précoce ne sont pas au service de l'enfance; ils ont été conçus pour satisfaire le narcissisme et la fierté des adultes quand ce ne sont pas d'autres mobiles moins avouables qui les sous-tendent.

En voulant faire intégrer par l'enfant des apprentissages précoces, on brusque son rythme de développement et on crée inévitablement des situations de stress. Lorsque ces situations sont trop fréquentes et trop intenses, on tue le plaisir d'apprendre, on crée de la rigidité intellectuelle, on annule toute créativité et on bloque la vie imaginaire de l'enfant. Le résultat obtenu est le contraire de celui qui était recherché; on se retrouve dans des situations de détresse avec des troubles psychosomatiques, de l'hyperactivité ou des désordres du comportement.

L'enfant a le droit fondamental d'apprendre à son propre rythme et selon ses propres motivations. Il a besoin d'être stimulé et non pas d'être dirigé dans des cadres rigides. Il a besoin de plaisir, il a besoin de jouer à son rythme. Le jeu est pour l'enfant l'un des moyens privilégiés d'expression personnelle et la principale porte d'entrée des apprentissages.

La perception de la réalité

La pensée magique

Par la représentation symbolique des objets et des situations, l'enfant commence à développer une compréhension plus objective de la réalité. Mais ce qui prédomine encore chez lui c'est une représentation teintée de pensée magique et prélogique. Sa perception des phénomènes qui l'entourent est subjective. Il cherche, en effet, à les comprendre en se basant sur ses propres actions et expériences, ce qui, à l'occasion, peut amuser les adultes qui l'entourent.

Entre 3 et 5 ans, l'enfant confond vie et mouvement. Une balle qui roule est en vie et les nuages sont vivants parce qu'ils bougent. Cette perception animiste des choses l'amène à attribuer des intentions ou des sentiments aux objets. Par exemple, s'il brise la mine d'un crayon en dessinant, il regarde le crayon et lui dit : « Tu n'es pas gentil ! » Il arrive que des adultes fasse la même chose dans des moments de colère et qu'ils attribuent de mauvaises intentions à des objets. Ainsi, dans nos tentatives d'ouvrir une porte coincée, il peut nous arriver de dire: «La maudite porte ne veut pas s'ouvrir!» Cette confusion entre vie et mouvement empêche l'enfant de comprendre le sens de la mort. S'il trouve un oiseau mort, il va le secouer pour le ramener à la vie car, pour lui, l'oiseau est vivant s'il bouge.

La perception magique de la réalité qu'a l'enfant le convainc qu'il n'y a pas de hasard dans la nature. C'est la raison pour laquelle il pose tant de questions sur les divers phénomènes. S'il constate, par exemple, que la branche d'un arbre est cassée, il va en chercher la raison. Le petit dialogue suivant a sûrement un air familier pour les parents et les éducateurs.

Enfant	Pourquoi la branche est cassée?
Parent-Éducateur	C'est le vent qui l'a brisée.
Enfant	Pourquoi le vent l'a brisée?
Parent-Éducateur	Parce qu'il soufflait fort.
Enfant	Pourquoi a-t-il brisé cette branche et pas les autres?
	(Et ainsi de suite.)

Ces questions peuvent même prendre la forme d'un harcèlement et réduire l'adulte à l'impuissance ou le rendre à court d'arguments. Pourtant, il est très important d'apporter des réponses à ces interrogations qui traduisent une grande curiosité intellectuelle. Si l'adulte fournit des réponses évasives ou peu plausibles ou s'il s'impatiente trop devant ces questions, il y a risque que l'enfant pense que sa curiosité est de peu d'importance ou qu'il ait le sentiment qu'elle est interdite. En posant ses questions, il veut comprendre et aller au fond des choses. Sa curiosité annonce ses apprentissages intellectuels et scolaires et démontre qu'il a fait la transition entre la curiosité en actions (qui se développe entre 12 et 16 mois) et la curiosité intellectuelle qui va lui ouvrir la porte de connaissances de plus en plus vastes et diversifiées.

À cet âge, l'enfant pose toutes ces questions aux adultes car il leur confère une toute-puissance. Il croit que les adultes ont réponse à tout et qu'ils possèdent la vérité absolue et indiscutable. Ce que dit papa ou maman a force de loi : « Mon père l'a dit, bon ! » Il s'agit là, pour l'enfant, d'un argument irréfutable et assez fort pour clouer le bec à tout interlocuteur qui a le malheur de ne pas partager son opinion. Toutes les figures d'autorité, celles du policier, du pompier, du médecin et de l'enseignant, sont revêtues, à ses yeux, d'un caractère de toute-puissance.

Cette croyance en la toute-puissance des adultes amène l'enfant à penser que ce sont eux qui ont construit le monde ou que les choses ont été créées par des actions divines. De plus, il est convaincu que toutes les créations ont été faites pour répondre à ses besoins et à ses désirs. Cette attitude égocentrique l'amène à croire, par exemple, que les lacs ont été faits par les adultes pour qu'il puisse s'y baigner et que quelqu'un a créé le soleil pour l'éclairer.

Exercice n° 4 :
Je questionne mon enfant sur les phénomènes naturels

Faites cette expérience ensemble.

Posez les questions suivantes à votre enfant et vous constaterez que les adultes apparaissent dans ses réponses.

- D'où vient la pluie ?

- Pourquoi le ciel est-il bleu ?

- Pourquoi le soleil brille-t-il ?

- Qu'est-ce que le vent ?

- D'où vient le tonnerre ?

Rêve et pensée magique

En raison de sa pensée magique, l'enfant croit que les rêves se produisent vraiment dans sa chambre et qu'ils ont lieu en dehors de lui. Pour l'enfant, les rêves sont des images, souvent un peu effrayantes, qui sont produites magiquement par les lumières nocturnes (lune, réverbères) ou par le vent et qui envahissent sa chambre. C'est la raison pour laquelle il peut devenir angoissé et même paniqué car il croit qu'il n'a pas de contrôle sur ces éléments externes. Il est important de souligner que l'enfant de cet âge ne distingue pas toujours l'imaginaire du réel. Sa vie imaginaire est riche et parfois envahissante. Cette imagination trop riche, dépourvue de mécanismes de défense efficaces, provoque parfois de l'angoisse. Il est important de le rassurer en évitant de ridiculiser ses angoisses et de l'amener en même temps à faire la distinction entre son imaginaire et le réel.

La pensée prélogique : se fier aux apparences

Durant cette période de développement, le raisonnement de l'enfant est prélogique. Il s'appuie, lorsqu'il perçoit la réalité, sur l'apparence concrète des choses et cela l'amène souvent à faire de fausses généralisations. Par exemple, lors d'une promenade à la campagne, il voit un cheval gris et ses parents lui donnent le nom de l'animal. Un peu plus tard, il voit une vache grise et il dit d'emblée : « C'est un cheval ! » Il justifie sa réponse par la couleur de

l'animal. Ce type de raisonnement s'appelle un précon-
cept et montre que l'enfant classifie souvent les choses à
partir de critères illogiques ou non représentatifs. C'est
une fausse généralisation qui est normale à cet âge mais
qui sous-tend le racisme des adultes. On peut penser, à
titre d'exemple, à un adulte qui se fait escroquer une
somme d'argent par un vendeur qui est d'une autre
nationalité que la sienne et qui conclut que tous les gens
de cette nationalité sont des voleurs. Les adultes auraient
avantage à manifester une plus grande maturité intellectuelle qu'un enfant de 4 ans !

Au cours de ses manipulations et de ses jeux, l'enfant
a d'abord une perception subjective des objets et ce n'est
que graduellement qu'il arrive à en avoir une conception
de plus en plus objective. À cet âge, il se fie d'abord à l'apparence des choses.

Exercice n° 5 :
J'observe le raisonnement de mon enfant- I

Faites cette expérience ensemble.

- Formez deux boules de la même grosseur avec de la pâte à modeler ;

- assurez-vous que l'enfant constate que les deux boules sont pareilles ;

- étirez devant lui l'une de ces boules en lui donnant la forme d'un saucisson ;

- posez-lui ensuite cette question : « Y a-t-il plus de pâte à modeler dans la boule ou dans le saucisson, ou bien y a-t-il la même quantité de pâte dans les deux ? »

Entre 3 et 5 ans, il est fort probable que l'enfant
répondra qu'il y a plus de pâte dans le saucisson parce
qu'il est plus long ou qu'il y en a plus dans la boule parce
qu'elle est plus haute. En effet, il appuie son raisonnement

sur l'apparence des choses et sur une seule dimension à la fois, que ce soit la longueur ou la hauteur. Il ne tient compte que d'un seul aspect à la fois et il néglige les autres. Ses affirmations sont catégoriques et sans aucune justification.

Après 5 ans, l'enfant est capable de considérer deux dimensions. Il dira, par exemple : « Le saucisson est plus long, mais la boule est plus haute. » Ses réponses sont moins catégoriques. On assiste à des régulations ou à des tâtonnements de la pensée. Mais si on exagère la transformation du saucisson en lui donnant la forme d'une longue ficelle, la suggestion perceptive devient alors trop forte et l'enfant va de nouveau conclure que la boule et la ficelle ne possèdent pas la même quantité de pâte. À ce sujet, qui n'a pas entendu la question suivante : « Qu'est-ce qui pèse le plus, un kilogramme de plomb ou un kilogramme de plumes ? » L'apparence immédiate des choses peut également jouer des tours aux adultes. Il n'est donc pas surprenant que l'enfant se fasse prendre à coup sûr car il base ses réponses uniquement sur les données perceptives immédiates.

Exercice n° 6 :
J'observe le raisonnement de mon enfant- II

Faites cette expérience ensemble.

- Prenez deux verres transparents et versez la même quantité d'eau dans chacun ;
- faites constater à l'enfant que les deux verres contiennent la même quantité de liquide ;
- versez, ensuite, devant lui le contenu de l'un des deux verres dans un plat qui est plus large mais moins haut que le verre ;
- posez-lui la question suivante : « Y a-t-il plus d'eau dans le verre ou dans le plat, ou bien y a-t-il la même quantité d'eau dans les deux contenants ? »

Comme précédemment, l'enfant de 3 à 5 ans ne va s'occuper que d'une seule dimension. Il répondra, par exemple, qu'il y a plus d'eau dans le verre parce qu'il est plus haut ou qu'il y a plus d'eau dans le plat parce qu'il est plus large. Après 5 ans, il fera preuve d'une plus grande souplesse dans ses réponses; il fera état de son incertitude dans sa réponse car il est maintenant capable de considérer deux dimensions à la fois. Mais si l'on vide l'un des deux verres dans une éprouvette beaucoup plus haute et plus mince que le verre, il finira par conclure qu'il n'y a pas la même quantité d'eau dans l'éprouvette et dans le verre car la suggestion perceptive sera devenue trop forte.

Durant cette période, l'enfant confond la taille et l'âge d'un individu car son attention est centrée sur les apparences. En effet, pour lui, les adultes de même taille ont nécessairement le même âge. Il croit que les gens continuent de vieillir tant qu'ils grandissent et que, par la suite, tout le monde a le même âge. La perception du temps est subjective. Il croit, par exemple, que les aiguilles d'une montre avancent plus rapidement quand on lui demande de travailler plus fort et plus vite. L'enfant de cet âge ne peut pas effectuer des classifications logiques.

Exercice n° 7:
J'observe le raisonnement de mon enfant- III

Faites cette expérience ensemble.

- Déposez devant lui des figures géométriques de différentes couleurs (des cercles, des triangles, des carrés et des rectangles);

- demandez-lui ensuite de mettre ensemble ce qui va ensemble.

Vous allez constater qu'il ne peut pas encore abstraire des critères de classification pour regrouper logiquement des objets dans des ensembles. En effet, plutôt que de classer les figures en fonction de leurs similitudes de forme et de couleur, il va placer, par exemple, un triangle au-dessus du carré (pour représenter une maison) ou deux cercles sous le rectangle (une auto) ou encore un cercle au-dessus du rectangle (un bonhomme). Il peut également changer de critère de classification et passer du critère «couleur» au critère «forme» sans y voir de contradiction parce qu'il construit ses ensembles sans structure globale.

Exercice n° 8:
J'observe le raisonnement de mon enfant- IV

Faites cette expérience ensemble.

- Alignez deux séries de huit sous noirs en prenant soin qu'ils soient les uns vis-à-vis des autres tel qu'illustré;

  Série A   •   •   •   •   •   •   •   •

  Série B   •   •   •   •   •   •   •   •

- faites constater par votre enfant qu'il y a le même nombre de sous dans chacune des séries A et B;
- réduisez ensuite l'espace entre les sous de la série B;

  Série A   •   •   •   •   •   •   •   •

  Série B   • • • • • • • •

- posez-lui cette question: «Y a-t-il plus de sous dans la série A ou plus de sous dans la série B, ou bien y a-t-il le même nombre de sous dans les deux séries?»

L'enfant va centrer d'emblée son attention sur l'espace qu'occupent les deux séries et il va conclure qu'il y a plus de sous dans la rangée inchangée parce qu'elle est plus longue. Il appuiera encore une fois son raisonnement sur l'apparence immédiate.

Il est important de ne pas tourner ses réponses en ridicule et de lui poser plutôt d'autres questions afin de l'amener à mettre en doute la justesse de ses réponses. Il faut l'aider à se décentrer de son point de vue et le mettre en contact avec d'autres dimensions et d'autres opinions. Vers l'âge de 5 ans, l'enfant est plus facilement influencé par les points de vue des autres et il peut commencer à ajuster ou à régulariser sa pensée. En conséquence, ses réponses sont moins absolues.

L'âge de l'imaginaire est l'âge d'or des apprentissages. Même si le raisonnement de l'enfant n'est pas encore tout à fait logique, il devient plus nuancé et plus ouvert aux opinions des autres et aux diverses facettes de la réalité. L'enfant est d'âge à fréquenter la classe maternelle et sa plus grande souplesse intellectuelle va favoriser sa socialisation. Avec les jeux de règles et les activités de groupe, il va faire de nouveaux apprentissages qui vont le préparer aux notions plus scolaires qui l'attendent dans l'avenir. Ces apprentissages vont se réaliser grâce aux relations d'attachement et de complicité qu'il va développer avec ses pairs et avec l'enseignante ou l'enseignant qui va jouer le rôle de substitut parental.

5

L'âge du merveilleux

Fleurs de papillons

Mon petit loup

Ma douce colombe

Magiciens de la vie au charme infini

Vous transformez d'un clin d'oeil les papillons en fleurs qui volent

La pluie en larmes de nuages et le vent en souffle des anges!

Mon petit loup téméraire armé d'un grand sourire frileux

Ma douce colombe soyeuse au cœur grand comme l'univers

Vous êtes flambeaux dans la nuit, vous êtes lumières
d'espérance

Vous êtes les témoins vibrants du possible et de l'absolu

Vous êtes la sensibilité du monde et les trésors de ma vie

(D. L.)

L'âge de l'imaginaire, c'est l'âge du merveilleux. Un long moment précieux où l'enfant s'initie au mystère : Pourquoi le ciel est bleu ? Pourquoi le tonnerre et les éclairs ? Pourquoi la vie ? Pourquoi la mort ? L'enfant de cet âge possède un bon vocabulaire, des idées à profusion et beaucoup d'imagination, mais il n'a pas encore accès aux nuances de la logique. Aussi nous décontenance-t-il et nous éblouit-il à la fois. Il aborde la vie par intuition, par analogie et, il faut le dire, avec une naïveté tout égocentrique.

Ami imaginaire et fabulation

Les enfants de 3 à 6 ans ne font pas très bien la distinction entre ce qu'ils imaginent et ce qui existe réellement. De 13 à 30 p. cent d'entre eux ont un ami imaginaire. Cela arrive plus souvent aux garçons qu'aux filles et cela se vérifie plus fréquemment chez les aînés et les enfants uniques. Ces enfants s'inventent un ou des personnages qui leur servent de bouclier contre les dures réalités de la vie.

Matière à réflexion

«Dernièrement, j'ai rencontré une petite fille de 5 ans qui avait, il n'y a pas si longtemps, une vingtaine d'amis imaginaires des deux sexes. Certains d'entre eux étaient gentils mais la plupart étaient des vilains. Lorsque sa mère la grondait pour avoir fait un dégât, elle se fâchait et rétorquait: «Ce n'est pas moi, c'est Ignelle qui a fait ça!» Sa mère, comme la majorité des parents, entrait dans le jeu et demandait à Ignelle de ramasser les dégâts avec sa petite fille. La situation devenait plus dramatique lorsque la fillette se réveillait la nuit en criant que Ignoul lui enlevait sa couverture ou se tenait derrière le lit!»

À cet âge, les enfants inventent des histoires et y croient presque: «Papa, j'ai battu deux grands de 4e année!» «C'est pas moi, c'est le chat qui a mangé les biscuits au chocolat!» Ils exagèrent, ils en rajoutent surtout s'ils sont devant un bon public. Ils font rire les adultes jusqu'à ce que ceux-ci se sentent manipulés, plus fâchés de s'être laissé prendre au jeu que des mensonges évidents qui leur ont été servis.

Tout est prétexte au jeu et à l'invention à cet âge, tant au niveau moteur qu'imaginatif. Les enfants adorent se déguiser, faire semblant, faire peur et se faire peur. Mais il ne faut pas s'y tromper: ils savent bien faire la distinction, lorsqu'on les aide un peu, entre la réalité et la fiction.

Exercice n° 9:
J'observe les jeux d'imagination de mon enfant

-   Votre enfant est-il très imaginatif?

-   De quelle façon se manifeste son imagination?

	Mère	Père
Ami imaginaire	☐	☐
Jeux de « faire semblant »	☐	☐
Fabulation	☐	☐
Plaisir à se faire raconter des histoires	☐	☐
Déguisements	☐	☐
Dessins	☐	☐
Bricolage	☐	☐
Autre	☐	☐

- Êtes-vous quelqu'un d'imaginatif vous-même ?

- Quelles sont les activités que vous faites régulièrement ?

	Mère	Père
Lire des romans	☐	☐
Dessiner	☐	☐
Bricoler tout en inventant	☐	☐
Rêvasser	☐	☐
Jouer de la musique	☐	☐
Jouer des tours	☐	☐
Mentir	☐	☐
Inventer des histoires pour les enfants	☐	☐
Écrire	☐	☐
Autre	☐	☐

- Comment réagissez-vous à l'imaginaire de votre enfant ? (ou) Parmi les types de parents suivants, lequel vous ressemble le plus ?

	Mère	Père
Type imaginatif		
- L'imagination de votre enfant vous ébahit	☐	☐
- Sa naïveté vous émeut	☐	☐
- Vous l'encouragez à exprimer son univers de rêve	☐	☐
- Vous entrez dans ses jeux imaginaires	☐	☐
Type réaliste		
- Vous avez hâte qu'il devienne plus logique	☐	☐
- Vous le ramenez à la réalité	☐	☐
- Sa naïveté vous surprend	☐	☐
- Vous avez la tentation de lui expliquer tous les phénomènes de façon naturelle	☐	☐

	Mère	Père
Type inquiet		
- Son imagination débordante vous inquiète	☐	☐
- Sa facilité à vous mentir vous déconcerte	☐	☐
- Son manque de réalisme vous déçoit	☐	☐
- Les fantaisies qu'il exprime vous déroute	☐	☐

Selon la façon dont vous envisagez le monde de l'imagination, vous encouragez ou découragez votre enfant à utiliser sa créativité. Maintenant que vous savez quel type de parent vous êtes, dites-vous bien, quel que soit le résultat, qu'il est toujours possible de s'ouvrir davantage au monde merveilleux de l'imaginaire.

L'enfant de cet âge peut être si imaginatif qu'il se fait peur à lui-même. Il peut passer beaucoup de temps à inventer la vie. Il adore tout ce qui lui permet de faire semblant. Il peut parfois inquiéter par son côté illogique et faire penser qu'il perd le contact avec la réalité. Mais celui qui échappe vraiment à la réalité n'a aucune forme d'autocritique ; il ne fait pas semblant et il devient rapidement très angoissé par son imaginaire qu'il ne contrôle plus du tout. L'enfant qui s'amuse en jouant, qui change de jeu facilement et qui préfère la compagnie de ses parents ou d'autres enfants à son petit monde inventé est en bonne santé mentale.

Il y a certains parents qui ont eux-mêmes une imagination vive, source d'anxiété et d'angoisse, et qui, devant l'imaginaire de leur enfant, sont pris de panique. Rien n'est plus contagieux que la peur !

Les histoires et les contes

Les petits de cet âge aiment qu'on leur lise ou qu'on leur invente des histoires et des contes. Les adultes ont trop souvent tendance de nos jours à leur offrir des livres récents et abondamment illustrés et à mettre de côté les livres de contes traditionnels. Cela est bien dommage car les enfants ont besoin de s'imaginer par eux-mêmes des personnages et des scènes à partir des mots et des phrases qui leur sont dites. L'image qu'on se fabrique soi-même est plus belle et surtout tellement plus personnelle ! Il n'y a qu'à penser à la déception qu'éprouvent souvent les adultes lorsqu'ils regardent un film qui est tiré d'un roman qu'ils ont adoré lire. Ce qu'on invente dans sa tête a l'avantage de répondre exactement aux besoins du moment. C'est aussi ce qui se passe chez l'enfant.

Le conte est peut-être le meilleur véhicule de l'imaginaire parce qu'il utilise, de la première à la dernière page, des symboles et des éléments magiques. De plus, il finit toujours bien, ce qui a pour effet de rassurer l'enfant. En fait, les contes véhiculent des messages initiatiques de toute première importance. Ils disent à l'enfant : «Tu sais, dans la vie, il y a beaucoup de difficultés. Tu es tout petit et très faible mais, grâce à tes grandes qualités, grâce à ta générosité et à ton courage, et grâce à l'amour de tes parents et à celui de tes amis, tu vas pouvoir grandir et vivre heureux.»

Chaque conte comporte un message particulier qui touche à un aspect précis du développement affectif de l'enfant et qui le rejoint au niveau de son inconscient. Cela explique pourquoi les enfants demandent le même conte ou le même extrait d'un conte pendant plusieurs semaines ou plusieurs mois. C'est également pourquoi ils réagissent si mal lorsqu'on change une seule phrase ou un seul mot car ils cherchent, au cours de cette période, à résoudre certains conflits personnels. La petite fille, par exemple, qui désire être admirée par son père et être sa «préférée» adore entendre parler du Prince charmant qui choisit Cendrillon entre toutes. Le petit garçon qui est

« en amour » avec sa mère et qui craint, au fond de lui, la réaction de son père jubile aux prouesses du Petit Poucet contre le Méchant Ogre.

Exercice n° 10 :
Je propose des contes à mon enfant

- Lisez-vous des contes à votre enfant ?

	M	P
Jamais	☐	☐
Parfois	☐	☐
Souvent	☐	☐

Pourquoi ?

Prenez le temps, ce soir, de proposer à votre enfant un nouveau conte.

Exercice n° 11 :
J'observe les réactions de mon enfant face aux contes

Dans un premier temps, faites l'exercice individuellement, puis échangez avec votre partenaire.

Pendant quelques jours, lisez un conte que l'enfant a choisi lui-même et observez ses réactions.

- Quels passages préfère-t-il ?

- Est-ce que ce sont toujours les mêmes passages ou est-ce que cela varie ?

- Semble-t-il aimer se faire lire un conte ?

Moins qu'un autre type d'histoire

	M	P
Autant	☐	☐
Plus	☐	☐

Toutes les histoires destinées aux enfants sont intéressantes dans la mesure où elles les stimulent et les font «voyager» dans leur tête et dans leur cœur. Elles permettent aux petits de s'identifier à des héros qui manifestent des talents ou des qualités qu'ils aimeraient bien posséder. Elles leur permettent de se construire un idéal d'eux-mêmes et de vivre une gamme complète d'émotions sans se sentir coupable ou sans se censurer.

Exercice n° 12 :
J'invente une histoire

Dans un premier temps, faites l'exercice individuellement, puis échangez avec votre partenaire.

Essayez d'inventer vous-même une petite histoire pour votre enfant. Laissez-vous aller, ne vous critiquez pas et inventez une histoire simple sur un thème qui vous vient à l'esprit spontanément. Vous allez donner à votre enfant quelque chose qui parle de vous, de lui et de tous les deux à la fois. Il y a fort à parier qu'il en redemandera.

La télévision

La télévision parle beaucoup à l'imaginaire des enfants de 3 à 6 ans. Elle offre des images qui bougent et qui parlent, des histoires fantastiques que la vraie vie ne peut égaler et des moments de réflexion qui s'avèrent très pertinents.

Par contre, la télévision offre également une image déformée du monde. Les personnages qu'elle présente sont stéréotypés et, par exemple, les hommes y sont plus nombreux, plus actifs et plus agressifs que les femmes. La violence est omniprésente. On estime qu'un enfant aura vu, avant l'âge de 16 ans, plus de 13 000 meurtres et plus de 20 000 annonces publicitaires par année !

Les petits Québécois regardent beaucoup la télévision. Dans les faits, ils passent plus de temps devant l'écran qu'à échanger avec leurs parents ou qu'à apprendre à l'école.

Des recherches ont démontré que les enfants de 2 ans imitent déjà certains comportements gestuels ou verbaux des modèles qu'ils préfèrent à la télévision.

Les émissions violentes ont un impact certain sur les enfants. Cependant, le risque qu'un enfant devienne plus agressif à la suite du visionnement de ces émissions ne devient réel et significatif que s'il est accompagné des conditions suivantes : les parents ne contrôlent pas le contenu des émissions regardées, l'enfant passe trop d'heures devant la télévision, les parents utilisent eux-mêmes la force physique pour exercer la discipline familiale. En conséquence, il est important que les parents limitent le nombre d'heures passées à regarder la télévision, qu'ils contrôlent le contenu des émissions regardées et qu'ils bannissent leurs excès d'agressivité dans leurs relations avec leur enfant. Ces tâches font partie de l'art d'éduquer !

Les enfants n'ont pas, avant l'âge de 7 ou 8 ans, la structure intellectuelle nécessaire pour faire une critique des images qu'ils voient et les parents doivent le faire à leur place.

La télévision peut aussi avoir un impact très positif sur les enfants. Des recherches ont montré que des émissions comme «Passe-Partout», «Sesame Street» et «Les 100 Watts» leur permettent d'avoir une meilleure compréhension du monde physique et social qui les entoure.

Les enfants aiment la télévision car elle nourrit leur imaginaire. Seul l'enfant en mal d'affection ou soumis à des conditions de vie destructrices aura tendance à fuir régulièrement dans l'univers de la télévision.

Exercice n° 13:
Les parents et la télévision

Dans un premier temps, faites l'exercice individuellement, puis échangez avec votre partenaire.

- Combien d'heures par jour votre enfant regarde-t-il la télévision?

- Qui décide des émissions regardées?

- Êtes-vous capable de fermer la télévision même si votre enfant se met à pleurer ou à crier?

- Utilisez-vous la télévision et la vidéocassette comme « gardienne »?

	M	P
Occasionnellement	☐	☐
Assez souvent	☐	☐
Régulièrement	☐	☐

- Aimez-vous beaucoup regarder la télévision?

- Est-ce que la télévision est ouverte presque tout le temps chez vous?

- À l'occasion, critiquez-vous ouvertement le contenu de certaines émissions?

- Vous arrive-t-il de fermer l'appareil pour proposer un jeu ou la lecture d'une histoire à votre enfant?

Il ne sert à rien de vouloir aller à contre-courant et de s'insurger contre la présence de l'audio-visuel dans notre vie! Les enfants qui sont entièrement coupés de ces moyens de communication, d'apprentissage et de culture sont de véritables petits Martiens. Ils se sentent à part et, dès l'âge de 4 ou 5 ans, ils ne peuvent plus participer à la culture enfantine qui les entoure. Cela risque de les isoler à un âge où l'appartenance à un groupe commence à être très importante.

Il arrive à chacun d'utiliser la télévision ou la vidéo-cassette comme «gardienne». Lorsque les émissions ou les films sont bien choisis, cela s'avère, à l'occasion, une façon agréable de calmer les enfants en début de soirée. Cependant, la télévision ne doit pas devenir un moyen d'éviter les contacts avec les enfants ou d'exercer sur eux un contrôle indirect. La télévision ne doit pas remplacer la relation mais être un moyen, parmi d'autres, d'enrichir les connaissances et l'imaginaire de l'enfant.

L'éternel triangle

Dès l'âge de 3 ans, l'enfant éprouve moins souvent le besoin de s'opposer pour la seule raison de s'opposer. Il commence à dire plus souvent «oui» et moins souvent «non» et il entre dans une nouvelle phase de son développement affectif. Le garçon et la fille sont alors très proches de leur mère tout en ayant de bonnes relations avec leur père. Ils sont de plus en plus conscients de la différence entre les sexes et leur curiosité va en s'amplifiant. C'est l'âge des découvertes et des jeux de «docteur». C'est aussi celui de l'apparition d'une nouvelle pudeur, d'une curiosité pour les activités libidinales des adultes et d'un nouveau regard porté sur la nudité des parents.

Le petit garçon, déjà très proche de sa mère, tombe lit-téralement en amour avec la première femme de sa vie. Il la trouve belle et gentille et il arrive souvent qu'il lui dise qu'il va se marier avec elle quand il sera plus grand ! Il est forcément jaloux du mari de sa mère qui vient troubler ses beaux projets et qui risque même d'être très mécon-tent de lui et de ses désirs. Le garçon devient le rival du père. Mais cela ne va pas sans culpabilité et sans peur. Il se met alors à jouer avec des monstres et des personnages très puissants, avec des épées et des fusils. En fait, il cherche à être le plus fort du monde et à régler pour lui-même ce conflit très inconfortable.

La petite fille a une tâche un peu plus difficile. Elle doit quitter son premier amour, sa mère, pour aller vers son père et chercher à devenir sa préférée. Elle doit entrer en compétition avec sa mère, c'est-à-dire avec celle dont dépend en grande partie son bien-être physique et affectif de tous les jours. Cette situation n'est pas facile et cela entraîne également de la culpabilité et des peurs. La petite fille se met à rêver la nuit à des «monsieurs» qui l'enlèvent, à des monstres, etc. Elle se pavane devant son père et lui fait des yeux doux. Elle entre en conflit ouvert avec sa mère.

Petit garçon et petite fille doivent résoudre ce conflit. Leur tâche est rendue plus facile lorsque les parents les rassurent sur leur valeur tout en leur disant qu'il leur est impossible de briser le couple parental. Le petit garçon fait contre mauvaise fortune bon cœur et il prend le parti de chercher du moins à ressembler à cet homme qui a conquis sa mère. Quant à la petite fille, elle accepte de renoncer à son père en cherchant à devenir très sem-blable à sa mère.

Évidemment tout n'est pas toujours si facile. Lorsque le couple parental est chancelant, lorsque les parents se disputent, lorsque maman est complice de son garçon contre son mari ou que papa préfère ouvertement sa fille à sa femme, cela crée une anxiété très forte chez l'enfant et une culpabilité qui aura des conséquences à court et à long terme. Lorsque le couple parental est séparé, la situation devient encore plus complexe et cela prend beaucoup de maturité aux deux parents pour ne pas «faire jouer» leur conflit par les enfants. Il devient compliqué pour un petit garçon de vouloir s'identifier à son père si sa mère méprise cet homme ; il est également difficile pour une petite fille de vouloir être semblable à sa mère si son père critique sans cesse cette femme.

Angoisse, culpabilité et difficulté à établir de bonnes relations avec une personne du sexe opposé sont très souvent le lot des adultes qui n'ont pu régler vers 4 ou 5 ans leur complexe d'Œdipe.

Exercice n° 14 :
Le père et l'éternel triangle

- Quel type de relations entretenez-vous avec votre mère ?

- Quel type de relations entretenez-vous avec votre père ?

- Quelles étaient vos relations avec vos parents durant votre enfance ?
  Semblables à maintenant   ☐
  Un peu différentes   ☐
  Très différentes   ☐

- Quel type de relations entretenez-vous avec votre fils ?

- Comment lui parlez-vous de sa mère ?

- Avez-vous une relation de complicité ou de rivalité avec lui ?

- Quel type de relations entretenez-vous avec votre fille ?

- Comment lui parlez-vous de sa mère ?

- Avez-vous une relation de complicité ou de conflit avec elle ?

- Pouvez-vous établir des comparaisons entre votre relation actuelle avec votre fils et votre relation avec vos propres parents ?

- Pouvez-vous établir des comparaisons entre votre relation actuelle avec votre fille et votre relation avec vos deux parents ?

Exercice n° 15 :
La mère et l'éternel triangle

- Quel type de relations entretenez-vous avec votre père ?

- Quel type de relations entretenez-vous avec votre mère ?

- Quelles étaient vos relations avec vos parents durant votre enfance ?

  Semblables à maintenant   ☐

  Un peu différentes   ☐

  Très différentes   ☐

- Quel type de relations entretenez-vous avec votre fille ?

- Comment lui parlez-vous de son père ?

- Avez-vous une relation de complicité ou de rivalité avec elle ?

- Quel type de relations entretenez-vous avec votre fils ?

- Comment lui parlez-vous de son père ?

- Avez-vous une relation de complicité ou de conflit avec lui ?

- Pouvez-vous établir des comparaisons entre votre relation actuelle avec votre fils et votre relation avec vos propres parents ?

- Pouvez-vous établir des comparaisons entre votre relation actuelle avec votre fille et votre relation avec vos deux parents ?

Les enfants de cet âge sont charmants et charmeurs. Ils aiment se montrer et se faire applaudir. Chaque parent entretient une relation particulière avec son enfant du sexe opposé et cela est tout à fait normal. Toutefois, selon l'enfance que chaque parent a vécue, il est plus ou moins facile de faire la part des choses et ceci est d'autant plus vrai si la relation de couple n'est pas satisfaisante. Il est essentiel pour l'enfant d'être reconnu comme un garçon ou comme une fille tout en sachant qu'il ne sera jamais le conjoint et qu'il ne pourra jamais remplacer un conjoint éventuel.

Un trop-plein d'imagination

À cet âge, l'enfant fabule souvent. Il a de la difficulté à faire la distinction entre, d'une part, ce qu'il aimerait qu'il se passe, ce qu'il craint qu'il arrive et ce qu'il voudrait obtenir et, d'autre part, ce qui se passe, ce qui arrive et ce qu'il obtient vraiment. Les parents peuvent l'aider à devenir plus réaliste mais ils doivent tenir compte de son besoin d'exagérer, d'inventer et de vouloir impressionner les autres. Il ne faut pas oublier que bien des adultes n'acceptent jamais tout à fait les limites inhérentes à la condition humaine et s'évadent dans l'imaginaire pour se ressourcer, se valoriser ou pour forcer l'admiration des autres.

L'imagination débordante est source de créativité mais elle peut devenir aussi une source de conflit. L'enfant très sensible et très imaginatif se créera des scénarios parfois dramatiques qui provoqueront des peurs, des maux de ventre et de tête, du stress, des crises de larmes ou de panique, des problèmes de sommeil et ainsi de suite. Il est donc important de l'aider à connaître l'impact de ce débordement d'imagination afin qu'il en arrive à l'utiliser de façon positive et pour son bien-être. L'enfant pourra dessiner les monstres qui l'habitent, jouer des rôles et des situations qui l'inquiètent, demander qu'on lui lise un conte ou une histoire qui le touche ; toutes ces activités contribueront à diminuer les tensions et à enrichir son imaginaire d'éléments qui pourront le rassurer.

Il est possible d'amener les enfants de cet âge à entrer dans une imagerie mentale qui ne saura leur être que profitable.

Exercice n° 16 :
Je propose à mon enfant de vivre une imagerie mentale

Dans un premier temps, faites l'exercice individuellement, puis échangez avec votre partenaire.

Demandez à votre enfant de s'installer confortablement pour faire un voyage dans sa tête. Il peut se coucher par terre ou sur son lit ou s'asseoir tout simplement. Il peut fermer les yeux ou les garder ouverts au début. Attendez qu'il soit installé, puis parlez-lui à voix intelligible.

« Dans ta tête, il y a souvent des images. Si tu penses à une fleur, par exemple, tu peux la voir dans ta tête. De quelle couleur est la fleur que tu vois présentement ? (Réponse de l'enfant.) Aujourd'hui, tu vas penser à de belles images qui ressemblent à cette fleur dont tu viens de me parler.

« Tu vas t'imaginer que tu es à la campagne dans un grand champ de fleurs. Le soleil est chaud, les oiseaux chantent dans les arbres et, toi, tu es très content d'être là. Tu regardes autour de toi et tu vois quelqu'un que tu aimes beaucoup : maman, papa ou ton meilleur ami. Tu vois au bout du champ un arc-en-ciel de toutes les couleurs et tu décides d'aller le voir de plus près avec la personne qui est auprès de toi.

« En marchant, tu sens la terre sous tes pieds nus ; c'est chaud et très agréable. Arrivé près de l'arc-en-ciel, tu aperçois un bel oiseau. Regarde bien l'oiseau ! De quelle couleur est-il ? Tu remarques qu'il est très grand, un peu plus grand que toi et qu'il te sourit gentiment. Il te demande si tu veux te promener sur l'arc-en-ciel avec lui. Qu'est-ce que tu lui réponds ? Si tu dis oui, tu montes sur son dos et tu t'accroches à son cou. L'oiseau monte doucement dans le ciel. Tu es si bien dans ses plumes toutes douces. Si bien dans l'air chaud de l'été. L'oiseau se promène tout près de l'arc-en-ciel et tu peux voir toutes les couleurs. C'est tellement beau que tu embrasses l'oiseau et que tu lui dis merci. L'oiseau redescend lentement sur la terre et te dépose au pied de l'arc-en-ciel. Puis, l'oiseau s'envole en te promettant de revenir une autre fois puisque tu es maintenant son ami. Tu lui envoies la main et tu retournes dans le champ de fleurs. Tu te couches dans les fleurs et tu te sens tout bon, tout gentil en dedans.

« Maintenant, lorsque je dirai le chiffre 3, tu ouvriras les yeux et tu te sentiras reposé et très en forme : 1....2....3. »

Il vous est possible d'inventer, à votre tour, une imagerie mentale et d'amener votre enfant dans son imaginaire. Vous aurez ainsi un moyen très intéressant pour le détendre et favoriser l'expression de ses émotions.

La manipulation

L'enfant de cet âge a pris suffisamment de distance de ses parents pour les observer et chercher à les manipuler à son avantage. Il est tout à fait normal qu'il tente d'obtenir plus d'attention, de jouets, de temps pour regarder la télévision, de crème glacée, etc.

L'enfant cherche à plaire et il commence à réaliser qu'il peut obtenir beaucoup par la séduction. Selon le caractère qui lui est propre, il sera bouffon, charmeur, naïf ou futé. Chose certaine, il teste les limites de ses parents régulièrement. Les parents succombent parfois à la manipulation et c'est tant mieux! L'enfant se dit alors: « Il m'est possible d'influencer les autres par mes propres moyens! » Mais lorsqu'il exagère et que ses parents refusent de se laisser manipuler, il se dit alors et c'est tout aussi important: « Il y a des limites que je ne peux pas dépasser. Je dois changer de but ou de stratégie. »

Les enfants d'aujourd'hui s'expriment facilement et argumentent abondamment. Il arrive parfois qu'ils étourdissent tellement leurs parents que ceux-ci ne savent plus sur quel pied danser. Il est alors temps que les parents s'arrêtent et qu'ils réfléchissent aux valeurs qui sous-tendent l'éducation qu'ils veulent donner. Ces valeurs doivent se traduire en attitudes et en règlements. Il convient d'en discuter avec d'autres, parenté ou amis, car cela permet de confirmer des intuitions et de consolider des principes.

Exercice n° 17:
J'observe les manipulations de mon enfant- I

- Est-ce que votre enfant cherche à vous manipuler pour obtenir ce qu'il désire:

	Rarement (1 pt)		Parfois (5 pts)		Souvent (10 pts)	
	M	P	M	P	M	P
Au repas	☐	☐	☐	☐	☐	☐
À la collation	☐	☐	☐	☐	☐	☐
Au coucher	☐	☐	☐	☐	☐	☐
En rapport avec la télévision	☐	☐	☐	☐	☐	☐
Lorsque vous êtes en couple	☐	☐	☐	☐	☐	☐
Lorsque vous êtes occupé(e)	☐	☐	☐	☐	☐	☐
Lorsque vous avez des invités	☐	☐	☐	☐	☐	☐
Lorsque vous sortez	☐	☐	☐	☐	☐	☐
Lorsque vous le punissez	☐	☐	☐	☐	☐	☐
Lorsque vous lui demandez quelque chose	☐	☐	☐	☐	☐	☐

Total des points

De 70 à 100 points:	Votre enfant cherche souvent à vous manipuler. Vous n'êtes probablement pas très sûr(e) de vous. Il serait bon de réfléchir à vos valeurs et à vos attitudes éducatives.
De 40 à 70 points:	Votre enfant, comme tous les enfants, cherche à vous manipuler. Vous êtes capable de résister la plupart du temps mais vous acceptez aussi de vous laisser influencer, ce qui prouve votre souplesse.
Moins de 40 points:	Ou vous êtes en adoration devant votre rejeton et vous ne voyez pas du tout ses manœuvres de manipulation, ou vous avez tendance à être un peu trop rigide. Un enfant reste un enfant!

Exercice n° 18:
J'observe les manipulations de mon enfant- II

Dans un premier temps, faites l'exercice individuellement, puis échangez avec votre partenaire.

- Dans quelles circonstances, selon vous, devez-vous résister aux pleurs, aux chantages, aux sourires et aux yeux doux?

- Votre partenaire trouve-t-il que vous vous laissez manipuler facilement par votre enfant?

Qu'en pensez-vous?

Discutez-en ensemble.

- Y a-t-il des principes d'éducation sur lesquels vous vous entendez avec votre partenaire?

Lesquels?

- Comment arrivez-vous à les appliquer concrètement?

Lorsque les parents arrivent à définir clairement leurs principes de base et à déterminer des règlements correspondants (un maximum de 5 à cet âge), ils permettent à l'enfant d'apprendre à se contrôler et à « négocier » plutôt qu'à manipuler. Il s'agit d'un vrai cadeau que vous lui faites pour toute sa vie.

Le besoin d'affection

Les enfants de cet âge ont besoin d'attention et d'affection. La meilleure façon de leur en donner c'est de participer à leur monde imaginaire.

Exercice n° 19:
Je consacre un moment privilégié à mon enfant

Dites à votre enfant que vous voulez passer un moment avec lui. Demandez-lui comment il veut le passer. Il pourra vous demander de dessiner avec lui, de lui lire une histoire, de jouer avec ses poupées ou avec ses dinosaures, etc.

Passez cette période de 10 à 15 minutes sans le juger, sans le critiquer, en acceptant d'entrer dans son monde comme lui le désire.

Une fois que le temps est écoulé, dites-lui bien que vous avez beaucoup aimé être avec lui, mais que vous devez faire autre chose et que vous recommencerez demain.

6

Pistes de réflexion

Retour aux exercices

Vous avez pratiqué de petites expériences et fait les différents exercices relatifs à « l'âge de l'imaginaire » dont la liste suit :

Complétez maintenant votre auto-évaluation et revenez, si nécessaire, à l'un ou l'autre des exercices proposés.

AUTO-ÉVALUATION

	Un peu (1 pt)		Moyennement (5 pts)		Beaucoup (10 pts)	
	M	P	M	P	M	P
Je constate que mon enfant préfère la présence du parent du sexe opposé	☐	☐	☐	☐	☐	☐
Je constate qu'il admire certaines caractéristiques de ses parents	☐	☐	☐	☐	☐	☐
Je lui permets d'être curieux sexuellement	☐	☐	☐	☐	☐	☐
Je lui permets de faire des activités qu'il considère reliées à son identité sexuelle	☐	☐	☐	☐	☐	☐
Je l'encourage à rechercher la présence d'autres enfants	☐	☐	☐	☐	☐	☐
Je constate qu'il cherche à plaire en agissant selon les normes de ses parents et amis	☐	☐	☐	☐	☐	☐
Je l'encourage à parler, à questionner et à commenter	☐	☐	☐	☐	☐	☐
Je l'encourage à exercer son corps par des activités nouvelles et parfois audacieuses	☐	☐	☐	☐	☐	☐
Je constate qu'il est habile pour manipuler et obtenir ce qu'il désire	☐	☐	☐	☐	☐	☐
Je constate qu'il adore « faire semblant »	☐	☐	☐	☐	☐	☐
Je l'encourage à faire des jeux de construction	☐	☐	☐	☐	☐	☐
Je l'encourage à comprendre les règles des jeux	☐	☐	☐	☐	☐	☐
Je l'encourage à être curieux	☐	☐	☐	☐	☐	☐
Je le stimule à l'aide d'histoires et de contes	☐	☐	☐	☐	☐	☐

Total des points

De 100 à 140 points :   Votre enfant est entré de plain-pied dans le monde de l'imaginaire. Vous pouvez encourager sa sa créativité tout en l'introduisant au monde de la logique.

De 60 à 100 points :   Votre enfant est imaginatif mais il n'a pas encore complètement accès à son imaginaire.

Moins de 60 points :   Il y a lieu de s'interroger sur les raisons qui poussent votre enfant à ne pas investir davantage dans le monde de l'imaginaire.

Conclusion

Nous avons tenté, dans les pages qui précèdent, de décrire le développement de l'enfant de 0 à 6 ans et, à l'aide d'exercices et de grilles d'auto-évaluation, nous avons cherché à vous faire participer directement à un processus d'observation, d'introspection et de réflexion.

De tout cela, il faut particulièrement retenir que l'enfant a son tempérament propre, son rythme de développement et sa façon bien à lui d'être au monde. Chaque parent, pour sa part, a sa personnalité qu'il a construite au fil des ans sur la base de l'éducation qu'il a reçue dans son enfance et des circonstances diverses qui ont influencé sa vie. Ces facteurs sont primordiaux et caractérisent la relation qui s'établit entre les parents et l'enfant.

«Être parent» consiste à faire un éternel aller-retour entre sa personnalité et celle de l'enfant. Et cela ne s'apprend pas seulement dans les livres car il est tout aussi important de « ressentir » que de « comprendre ». Les tout-petits nous interpellent tous les jours et font appel tant à nos forces qu'à nos vulnérabilités. Il est impossible de penser les guider dans leur cheminement sans revenir sans cesse à soi, sans chercher à régler de vieux conflits et à ouvrir son esprit et son cœur chaque fois un peu plus.

De la naissance à 9 mois, l'enfant vit « l'âge de la confiance » et les parents doivent apprendre à se faire confiance dans leurs rapports avec lui. Nous devons l'amener, par notre amour et notre sollicitude de même que par le respect de nos propres besoins, à aborder la vie **avec optimisme**.

De 9 à 18 mois, l'enfant vit « l'âge de l'exploration ». Les parents que nous sommes doivent explorer avec émerveillement toutes les nouvelles possibilités qui s'offrent à lui. Notre tâche est de lui permettre, tout en le protégeant, d'assouvir sa curiosité et de s'éloigner un peu plus de nous afin qu'il puisse aborder la vie **avec enthousiasme**.

De 18 à 36 mois, l'enfant vit « l'âge de l'affirmation » et nous devons accepter son opposition tout en lui mettant des balises qui le rassurent. En l'encourageant à faire des choix et à afficher son individualité, nous lui permettons d'aborder la vie **avec détermination**.

De 3 à 6 ans, l'enfant vit « l'âge de l'imaginaire » et les parents doivent encourager son sens du merveilleux et sa créativité tout en étant garants du monde logique de la réalité. Nous avons à stimuler sa vie sociale et à l'aider à contrôler son anxiété afin qu'il puisse aborder la vie **avec fascination**.

La petite enfance constitue la base sur laquelle va se construire la vie future, celle de l'enfant qui sera un adulte. Toute société devrait avoir, pour la petite enfance, une politique cohérente lui permettant de coordonner à la fois des programmes de prévention et de stimulation précoce.

Il conviendrait surtout d'apporter un soutien aux parents afin qu'ils abordent et qu'ils vivent cette période cruciale tout entiers disponibles et « bien dans leur peau ». Cette aide peut être résumée de la façon suivante : donner des congés parentaux payés, favoriser les horaires flexibles et l'accès au travail à temps partiel sans perte de droits, multiplier les garderies, donner à leur personnel des salaires raisonnables et une reconnaissance sociale importante, diminuer les ratios éducatrices-enfants pour permettre une relation plus personnelle et plus significative, favoriser le regroupement des parents et, notamment, de ceux qui rencontrent des difficultés particulières (groupes de mères seules, groupes de pères, groupes de parents de familles recomposées, groupes de parents en détresse, etc.). Il faudrait, enfin, que les parents aient accès à toute l'information dont ils ont besoin et que soient organisées des activités de formation et d'éducation populaire dans lesquelles la télévision jouerait un rôle majeur.

En somme, il faudrait d'abord et avant tout s'occuper de ceux et celles qui s'occupent des enfants ! Il nous semble qu'il y a actuellement, dans notre société, une résistance à cet égard. Bien prendre soin des enfants, cela ne va pas de soi ! Cela demande du temps et des ressources, du courage, de l'amour et de la fermeté, de l'humilité et une grande ouverture d'esprit. Cela demande surtout une disponibilité intérieure et un support social constant.

Nous avons voulu que ce livre soit une occasion, pour les parents, de mieux percevoir la personnalité de leur enfant et la leur ; en d'autres mots, de réfléchir à l'art d'éduquer, à toutes ses exigences et à toutes ses joies.

Nous souhaitons, enfin, qu'il serve de soutien aux parents et qu'il s'inscrive dans la foulée de ces activités de formation dont tous les parents ont tant besoin.

Bibliographie

Bower, T. G. R., *Le développement psychologique de la première enfance*, P. Mardaga, Bruxelles, 1978.

Brazelton, Dr T. Berry, *L'âge des premiers pas*, Payot, Paris, 1974.

Cloutier, Richard, *Psychologie de l'enfant*, Gaëtan Morin, Montréal, 1990.

Cohen-Solal, Dr Julien, *Les deux premières années de la vie*, Robert Laffont, Collection «Réponses», Paris, 1982.

Cornaton, Michel, *Analyse critique de la non-directivité*, Édouard Privat éditeur, Toulouse, 1975.

David, Myriam, *0 à 2 ans*, Édouard Privat éditeur, Toulouse, 1960.

Dietrich, Claude, *L'intelligence s'apprend*, Armand Colin, Paris, 1974.

Dinkmeyer, Mckay, *The Parents HandBook*, Éditions A.G.S.,1989.

Dolle, Jean-Marie, *Pour comprendre Jean Piaget*, Édouard Privat éditeur, Toulouse, 1974.

Duclos, G., Laporte, D., *Du côté des enfants, volume 2*, Hôpital Sainte-Justine, Montréal, 1992.

Erikson, E. H., *Insight and Responsibility*, Norton and Co. Inc., New York, 1964.

Erikson, E. H., *Identity, Youth and Crisis*, Norton and Co. Inc., New York, 1968.

Erikson, E. H., *Childhood and Society*, Norton and Co. Inc., New York, 1950.

Gamier, Jacqueline, *Développement psychomoteur de l'enfant: les étapes de la socialisation, les grands apprentissages, la créativité*, Masson, Paris, 1986.

Golse, B., *Le développement affectif et intellectuel de l'enfant*, Masson, Paris, 1985.

Graham, Douglas, *Moral Learning and Development*, Wiley and Sons, N. Y., 1972.

Handbook of Infant Development, ed. by Joy Doniger Osofsky, New York, 1987.

Jacques, Lucille, *Être parent au gré du temps*, Générations, Montréal, 1993.

Julien, Dr Gilles, *Votre enfant au jour le jour*, Gouvernement du Québec, 1987.

Laporte, D., Duclos, G., Geoffroy, L., *Du côté des enfants, volume 1*, Hôpital Sainte-Justine et Magazine Enfants, Montréal, 1990.

Legendre-Bergeron, M. F., *Lexique de la psychologie du développement de Jean Piaget*, Gaëtan Morin, Montréal, 1983.

Lowen, Alexander, *Le plaisir*, Éditions du Jour et Tchou, Montréal, 1977.

Lauwein, Theo, Shack, Maria, *À vous de jouer!*, Armand Colin, Paris, 1974.

Loevingen, Jane, *Ego Development*, Jossey Bass Inc., California, 1976.

Montagner, Hubert, *L'attachement, les débuts de la tendresse*, Odile Jacob, Paris, 1988.

Nielsen, Ruth F., *Le développement de la sociabilité chez l'enfant*, Delachaux et Niestlé, Neuchâtel, 1951.

Piaget, Jean, *La naissance de l'intelligence chez l'enfant*, Delachaux et Niestlé, Neuchâtel, 1963.

Piaget, Jean, *La construction du réel chez l'enfant*, Delachaux et Niestlé, Neuchâtel, 1963.

Piaget, Jean, *La formation du symbole chez l'enfant*, Delachaux et Niestlé, Neuchâtel, 1964.

Piaget, Jean, *Le langage et la pensée chez l'enfant*, Delachaux et Niestlé, Neuchâtel, 1968.

Piaget, Jean, *Le jugement moral chez l'enfant*, PUF, Paris, 1957.

Provost, Marc-A., Tremblay, Richard E., *Famille: inadaptation et intervention*, Agence d'Arc, Ottawa, 1991.

Rideau, Alain, *La psychologie moderne, 400 difficultés et problèmes chez l'enfant*, La Bibliothèque du CEPL, Paris, 1971.

Schell, Robert E., Hall, Elizabeth, *Psychologie génétique, le développement humain*, Éditions du Renouveau pédagogique, Montréal, 1980.

Solter, Aletha J., *Mon bébé comprend tout*, Édouard Privat éditeur, Toulouse, 1989.

Spitz, René A., *L'embryogénèse du moi: une théorie du champ pour la psychanalyse*, Complexe, Bruxelles, 1979.

Spitz, René A., *De la naissance à la parole, la première année de la vie*, PUF, Paris, 1968.

Toesca, Yvette, *L'enfant de deux à dix ans*, Les éditions ESF, Paris 1984.

Wallon, Denis, *Votre enfant de 0 à 6 ans*, France-Amérique, Montréal, 1978.